세도나 스토리

THE CALL OF SEDONA

Journey Of The Heart

세도나 스토리

일지 이승헌

한문화

당신이 어떤 길을 통해 이곳에 왔든

당신이 이곳에 온 이유가 있습니다.

지금 당신이 그것을 알아채지 못할지라도.

그러니 귀를 기울이십시오.

세도나가 당신에게 들려주는 이야기를 들으십시오.

황금빛 석양 속에 우뚝 선 늙은 향나무가

당신에게 이유를 알려줄지도 모릅니다.

여행을 시작하며

나는 한 장소에 몇 개월 이상을 머무는 일이 거의 없다. 전 세계를 여행하며 사람들을 만나고 대화하는 것이 나의 일이기 때문이다. 세도나는 내가 이 지구에서 가장 사랑하는 땅이다. 세계의 어느 곳에 있다 오는 길이든, 멀리 세도나의 붉은 바위들이 보이기 시작하면 가슴이 트이고 고향에라도 온 듯 마음이 편안해진다.

세도나는 미국 애리조나의 사막에 핀 꽃이다. 이곳의 땅은 붉고 하늘은 푸르다. 그 땅과 하늘 사이에 신령한 대기가 흐른다. 붉은 바위, 초록의 향나무와 선인장, 작열하는 태양뿐만 아니라 맑은 물이 흐르는 계곡이 있고, 가을이면 황금색으로 물드는 아름드리나무가 숲을 이루고 있다. 강력한 생명력을 뿜어내는 이 마른 땅은 우리 안의 가장 위대한 정신을 일깨우는 특별한 힘을 지니고 있다.

내가 세도나를 처음 방문한 것은 1996년 1월, 그러니까 지금으로부터 약 십오 년 전의 일이다. 그때는 나 역시 세도나의 아름다움과 신비함에 이끌려 이곳을 찾은 수많은 방문객 중의 한

명이었다. 그러나 십오 년이 흐른 지금, 세도나가 없는 나의 인생은 생각도 할 수 없게 되었다. 지금 내게 세도나는 가장 편안한 집이자 가장 신령한 성지다. 가장 마음이 잘 통하는 친구이며, 언제나 나를 새롭게 일깨우는 스승이다.

나는 세도나에서 많은 메시지를 받았다. 벨락 정상에 앉아 붉은 바위 품에 안긴 세도나를 내려다보고 있을 때, 오크 크릭 강가를 따라 걸으며 강물에 비친 보름달을 가만히 바라보고 있을 때, 쉬네블리 힐의 바위에 서서 서쪽 하늘을 불태우는 노을에 마음을 빼앗기고 있을 때 …… 세도나는 언제나 내게 말을 걸었다.

내가 세도나로부터 받은 메시지는 처음에는 판타지와 다를 바 없었다. 세도나는 언제나 불가능해 보이는 꿈을 꾸라 했고, 때로는 내가 감당하기 힘든 고민거리를 안겨주었다. 남들에게 이해받지 못하는 어려운 선택을 하도록 나를 벼랑으로 내몰기도 했다.

하지만 나는 그 메시지들을 따를 수밖에 없었다. 세도나의 메시지가 내 마음의 가장 깊은 곳을 울리면 이성적으로 생각할 때는 '말도 안 되는 일'일지라도 무조건 몰입하곤 했다. 힘들 때마다 인간보다 더 오래 산 세도나의 바위들과 나무, 사람들이 모두 잠든 밤에도 깨어 있는 세도나의 달과 별에게 많은 힘을 얻었다. 그렇게 세도나의 메시지를 행동으로 옮기는 과정에서 판타지처럼 보이던 것들이 하나둘씩 현실이 되어갔다. 그리고 많은 사람들이 그 '말도 안 되는 일'에 기꺼이 동참하기 시작했다.

세도나는 내게 꿈을 주었다. 어떤 어려움 속에서도 꿈을 잃지 않도록 끊임없는 영감과 힘을 주었다. 언어와 문화를 포함하여 미국의 모든 것이 낯설기만 했던 나는 이곳 세도나를 통해 미국에 정착할 수 있는 힘을 얻었다. 전 세계를 무대로 나의 깨달음과 수련법을 보급할 수 있는 새로운 영감을 얻었고, 이곳에서 나를 지지하고 도와준 수많은 후원자와 친구들을 만났다. 중년을 훌쩍 넘은 나이에 내 안에서 새롭게 솟아나는 창조성과 예술성에도 눈을 뜨게 되었다. 지구인 정신을 하나의 철학으로 발전시킨 곳도 이곳이었으며, 지구 어머니 마고의 메시지를 들은 곳도 이곳이다.

세도나에서 받은 축복에 보답하기 위해 나는 열심히 나의 삶을 창조하고, 세도나를 통해 느끼고 발견한 것들을 다른 사람들과 나누기 위해 노력해왔다. 그래서 나는 내 삶을 사랑하는 것만큼 이 세도나를 사랑한다. 이 신성한 붉은 땅을 디딜 때마다 깊은 애정과 함께 감사함이 샘솟는다.

세도나는 정말로 신령스럽고 축복받은 땅이다. 붉은 바위 언덕에 서서 멀리 하늘과 땅이 맞닿는 지평선을 바라볼 때, 손을 뻗으면 닿을 듯한 거리에서 크고 둥근 달이 떠오를 때, '나는 지구라는 별에 살고 있다'는 명료한 자각과 함께 생생한 감동이 찾아온다. 지구의 마음이 내 마음을 열고 들어와 나와 하나가 된다. 그리고 존재의 가장 깊은 곳에서부터 사람과 세상을 염려하고 보살피는 마음이 우러나온다. 태곳적 아름다움과 신비함을 품고 있는 이 땅, 세도나의 메시지는 붉은 땅만큼 강렬함과 큰 사랑으로 언제나 나의 가슴을 진동시킨다.

이 책은 내가 세도나로부터 받은 메시지들에 대한 이야기다. 그 메시지를 따라 살아온 나의 인생 이야기이기도 하다. 그리고 또 이 책은 당신의 이야기가 될 수도 있다.

세도나가 내게 전해준 메시지의 핵심은, 우리 안에는 우리가 알고 있는 자신보다 훨씬 위대하고 아름다운 진실과 꿈이 있다는 것이다. 그리고 그 꿈을 이루는 데 필요한 모든 것을 우리가 이미 가지고 있다는 것이다. 이 책을 통해 당신이 원래부터 위대했다는 것을 깨닫고, 당신의 삶에 생기를 불어넣을 내면의 위대한 꿈과 새로운 영감을 얻기 바란다. 마지막으로 지구와 깊이 연결되어 세도나가 주는 아름다운 꿈을 나누어 갖기를 바란다.

우리의 일상에 의미와 가치를 부여하는 것은 언제나 우리의 꿈이다. 당신에게 꿈이 필요할 때, 잃어버린 꿈을 다시 찾고 싶을 때, 이곳 세도나로 오라!

2011년 가을
세도나에서 일지 이승헌

차 례

새로운 도가 나오는 땅

The Dawn of a New Enlightenment

1996년 초, LA에서 신문을 읽고 있을 때였다. 신문을 넘기는 순간 내 시선을 확 사로잡는 사진이 하나 있었다. '어? 여기가 어디지?' 마치 신문에서 튀어나올 것처럼 붉은색 선명한 바위들이 너무나 인상적이었다. 사진 설명을 보니 그곳은 애리조나 주에 있는 세도나라는 곳이었다.

나는 하루라도 빨리 그 붉은 바위들을 보고 싶은 생각에 알고 지내던 지인에게 동행을 청하여 둘이서 세도나를 향해 출발했다. LA에서 세도나까지는 차로 8시간 가까이 걸리는 꽤 먼 거리다.

세도나에 도착한 때는 한밤중이었다. LA에서 차를 달려 플래그스탭을 지나 업타운 세도나까지 와서는, 오크 크리크 캐년을 옆으로 끼고 있는 한 모텔에 여장을 풀었다. 깜깜한 밤이라서 하늘을 가득 채우며 시원시원하게 빛나는 별들 외에는 풍광을 구경할 새가 없었다. '내일 아침에 눈을 뜨면 마주치게 될 세도나는 어떤 모습일까?' 나는 청량한 공기를 가슴 가득 들이마시며 설레는 마음을 안고 잠자리에 들었다.

다음날 아침 눈을 뜨자마자 창문을 활짝 열어젖혔다. 내 눈앞에 처음 들어온 광경은 푸른 숲 위에 우뚝 솟은, 붉고 흰 기운이 어우러진 바위산이었다. 산 정상에는 갖가지 동물 형상을 한 크고 작은 바위가 몇몇 늘어서 있었다. 그때 내 눈을 강력하게 사로잡으며 가득 들어오는 장면이 하나 있었다. 바위산 꼭대기 왼쪽에 자리 잡은 아담한 바위였는데, 꼭 가부좌를 틀고 명상을 하는 사람의 형상을 하고 있었다. 나는 속으로 생각했다. '세도나에서는 바위도 명상을 하는구나!' 세도나에서는 바위도 명상을 하는지, 아니면 어딜 가나 내 눈에는 그런 형상만 들어오는지는 모르겠으나 첫 느낌이 아주 좋았다.

간단히 아침을 챙겨먹고 마음 가는 대로 세도나 이곳저곳을 둘러보았다. 도시 전체가 붉은 바위 병풍에 안겨 있는 듯했다. 그 붉은 대지에 초록의 향나무와 선인장들이 점점이 박혀 강렬한 색의 대비를 이루고 있었다. 타는 듯한 붉은 땅을 감싸고 있는 세도나의 하늘은 그 어느 곳의 하늘보다 더 푸르고 맑아 보였다. 그 하늘과 땅 사이에 신령한 대기가 감돌고 있었다. 겨울인데도 따스한 햇살이 맑은 대기를 통과해 내리쬐고 있었다. 아침

햇살을 받아 눈부시게 빛나는 세도나의 하늘과 땅을 보면서 나의 심장은 뛰기 시작했다. 어쩌면 이곳이 내가 오랫동안 찾던 바로 그곳일지도 모른다는 생각이 들었기 때문이다.

나는 1995년에 한국을 떠나 미국으로 건너왔다. 한국의 전통 심신수련법인 단학(미국에서는 '단요가'로 알려져 있다)을 미국 및 세계 여러 나라에 알리기 위해서였다. 당시 한국에는 내가 설립한 단센터가 약 오십 개로 늘어나 많은 사람들에게 현대적이고 체계화된 단학을 보급하고 있었다. 나는 제자들에게 한국 단센터의 경영권을 물려주고 미국에서 개척하는 마음으로 다시 시작하고 있었다. 내가 제자들과 함께 처음 정착한 곳은 뉴저지였다. 그러나 문화도, 언어도 낯선 땅에서 뿌리를 내리기란 쉽지 않았다. 여러 가지 시행착오를 겪어야 했다.

나는 당시 주말이면 뉴욕 베어마운틴의 세븐 레이크 호숫가를 걷곤 했다. 그날도 석양빛을 받아 반짝이는 호수 표면을 물끄러미 바라보며 생각에 잠겨 있었다. '어떻게 해야 할까?' 그때 떠올랐던 생각이 먼저 미국을 속속들이 알아야겠다는 것이었다. 내 두 발로 직접, 온몸으로 부딪히면서 미국을 체험해 보아야겠다는 생각이 들었다.

중고 자동차를 한 대 구해서 미국을 동서로 횡단하기로 했다. 뉴욕에서 캘리포니아까지 갔다가 서부 해안을 따라 밴쿠버까지 올라가서 다시 토론토를 거쳐 뉴욕으로 돌아오는 여정이었다. 몇 달간 유랑 아닌 유랑을 하면서 미국의 아름다운 산과 계곡을 돌아보고, 복잡한 대도시와 그곳에서 살고 있는 사람들의 마음속에도 들어가 보면서, 미국이라는 거대한 땅의 기운을 내 몸으로 직접 느껴보는 좋은 계기가 되었다.

그런데 미국 동서 횡단을 하면서 내가 찾고 있었던 것이 하나 있었다. 바로 미국에 뿌리를 내리고 활동할 수 있는 새로운 땅이었다. 세도나를 둘러본 순간, 어쩌면 이곳이 내가 찾는 그곳일지도 모른다는 강력한 예감이 들었다. 그러나 사흘간 세도나에 머물면서 벨락, 대성당 바위 등 잘 알려진 볼텍스 지역과 시내 곳곳을 둘러보았지만 첫 방문으로 선뜻 결정할 수는 없었다.

결정하기를 망설였던 이유 중의 하나는 세도나가 사막지대라는 점이었다. 풍수지리에서는 목화토금수木火土金水 다섯 가지 에너지의 조화를 중요하게 생각한다. 세도나의 곳곳을 촘촘히 메운 향나무와 관목 숲 지대에서는 목 기운이 나오고 있고, 태양이 강렬하게 내리쬐는 사막이니 당연히 화 기운이 풍부하고, 세도나의 땅에서 뿜어 나오는 기운을 보면 토 기운은 말할 것도 없고, 세도나의 땅이 붉은 이유는 철 성분 때문이라니 금 기운도 가득하다. 그런데 물이 귀한 사막지대라 수 기운이 부족하다는 한 가지 흠이 내내 마음에 걸렸다.

LA로 돌아갔다가 며칠 후에 세도나를 다시 찾았다. 그때 나의 고민을 한꺼번에 날려버린 것이 있었다. 세도나에서 플래그스탭으로 올라가는 도로 옆을 나란히 흐르는 오크 크릭 캐년이었다. 첫 방문 때는 자세히 못 봤는데, 계곡으로 맑은 물이 풍부하게 흘러내리고 있었다. 그 모습을 보면서 세도나는 수 기운도 적절하게 갖췄다는 것을 알 수 있었다. 사막이지만 다섯 가지의 기운이 잘 조화를 이룬 세도나에서 다시 새롭게 시작해보고 싶다는 열정과 희망이 샘솟았다. 그리고 이곳이라면 내가 오랫동안 꿈꾸던 명상센터를 세워도 되겠다는 확신이 생기기 시작했다.

며칠 시간을 더 내어 애리조나 주, 유타 주, 네바다 주의 인디언 유적지와 주변 명소도 함께 둘러보았다. 파월 레이크와 레인보우 브리지, 브라이스 캐년, 자이언 캐년 등도 가보았다. 하나같이 인디언들이 신성하게 여겼던 땅이며 대자연의 위엄과 아름다움을 아낌없이 보여주는 곳이었다. 세도나가 그런 장소들과 멀지 않은 거리에 있다는 사실도 마음에 들었다. 두 번째 방문에서 세도나로 이사를 하기로 결심한 후 내친 김에 사무실 겸 집으로 쓸 아담한 공간도 빌렸다.

세도나에서 새로운 출발을 하게 된 셈이었다. 짐을 정리하기 위해 LA로 돌아가는 차 안에서 붉은 땅 세도나를 떠올리니, 무언가 좋은 일이 일어날 것만 같은 예감이 들어 마음이 설렜다. 나는 '세도나'라는 지명을 연거푸 되뇌었다. "세. 도. 나. 세. 도. 나. 세. 도. 나 …… " 그러다가 불현듯 내 머릿속에 어떤 생각이 떠올랐다. 세, 도, 나, 새로운 도가 나오는 곳! '세도나'의 발음을 풀이해 보면, '세'는 '새'처럼 들려서 '새롭다'는 뜻이고, '도'는 '타오Tao' 또는 '깨달음'을 뜻하며, '나'는 '나온다'는 뜻이다. 이 세 가지를 조합하면 세도나는 '새로운 도가 나올 땅'이라는 의미가 된다.

그때부터 나는 세도나라는 지명을 발음할 때마다, 세도나에 대해 다른 사람들에게 얘기할 때마다, 세도나 곳곳을 다니며 명상을 할 때마다 이곳에서 새로운 깨달음이 나올 것이라고 믿기 시작했다. 그것은 나의 믿음이자 간절한 바람이기도 했다. 나의 '세도나 스토리'는 이렇게 시작되었다.

꿈과 열망을 이루어주는 땅

A Land of Yearnings and Dreams

세계 어느 나라, 어느 민족에게나 그들이 신성하게 여기는 영산
靈山이나 신비한 장소가 있게 마련이다. 그런 곳에는 예사롭지
않은 기운에 끌려 많은 사람들이 모여든다. 세도나도 바로 그런
곳 가운데 하나다. 나는 인도, 티베트, 이집트, 남미, 유럽 등 세
계 여러 곳의 유명한 성지들을 두루 여행해 보았지만 세도나만
큼 마음을 끄는 곳은 만나지 못했다. 벌써 십오 년째 많은 시간
을 세도나에서 보내는데도 매일 보는 이곳의 붉은 바위와 석양
이 늘 새로운 감동을 준다.

세도나는 미국 서부 사막지대인 애리조나 주의 중심에 위치한
작은 도시다. 장대한 협곡으로 유명한 그랜드 캐년에서 자동차

로 약 두 시간 거리에 있고, 애리조나 주의 주도州都인 피닉스에
서는 북쪽으로 이백여 킬로미터 떨어져 있다. 장대한 붉은 바위
들이 산재해 있기 때문에 흔히 '붉은 바위 지방'으로 불린다.

세도나는 사막지대라 무더운 여름만 있을 것이라고 생각하기
쉬운데 이곳에도 아름다운 사계절이 있다. 봄에는 마른 들판 위
로 야생화가 군락을 이루어 피어난다. 가을에는 오크 크릭 캐년
을 따라 황금빛 주홍빛 단풍이 든다. 세도나의 겨울 또한 아름
답기는 마찬가지다. 붉은 바위들 위로 흰 눈이 소복소복 내리는
모습도 장관이지만, 눈이 그치고 태양이 비추면 붉은 바위 위에
새하얀 눈, 녹색의 선인장 그리고 푸른 하늘이 어우러져 눈부신
빛을 내뿜는다. 그 광경을 보고 있으면 왜 사람들이 세도나를
'빛의 도시'라고 하는지 저절로 고개가 끄덕여진다.

인구 약 1만2천 명의 작은 도시인 이곳에 해마다 약 4백만 명
의 관광객이 들고난다고 한다. 하지만 세도나는 관광지답지 않
게 매우 조용한 도시다. 대부분의 음식점과 가게들이 오후 아홉
시 전에 문을 닫는다. 흥미진진한 볼거리나 놀 거리를 찾는 사람
들에게는 심심하기 짝이 없는 도시다. 그러나 대자연과 교류하
는 기쁨을 아는 이들에게는 당장이라도 짐을 싸서 이사를 오고
싶은 충동을 느끼게 하는 곳이다. 실제로 세도나 주민의 상당수
가 이곳에 관광차 왔다가 아름다운 풍광과 평화로운 분위기에
반해 이사 온 이들이라고 한다.

　세도나의 지질학적인 역사를 보면 약 5억 년 전으로 거슬러 올라간다. 약 3억 년 동안 이곳은 바다였다고 한다. 그리고 약 3백만 년 전에 지질 구조의 변화로 세도나 지대가 속해 있는 콜로라도 고원(Colorado Plateau)이 위로 솟았고, 모래 퇴적암이 바람과 비, 눈에 깎여 붉은 바위로 이루어진 지금의 장관을 만들어내게 되었다.

　세도나 일대에 최초로 거주한 사람들에 대한 연구에 따르면, 약 6천 년 전에 인디언이 거주한 동굴이 지금도 남아 있다고 한다. 그 이전의 문명에 대한 명확한 유물은 없지만, 공예품이나 암석 조각 같은 고고학적인 증거를 분석한 대부분의 역사가들은 이곳의 첫 거주자들이 고대 아시아에서 왔다고 믿는다.

세도나는 1902년에야 한 백인 거주자가 첫 우체국장 부인의 이름을 따서 '세도나'라는 시로 등록하면서 지금의 이름을 갖게 되었다. 인디언들의 옛 유적지를 조사하는 고고학자들에 따르면, 수천 년 전부터 애리조나 북부에 살았던 인디언들은 세도나와 그 주위의 오크 크릭 캐년을 특별히 신령스러운 곳으로 여겼다고 한다. 이곳에서 발견되는 인디언 유적지들은 세도나의 중심이 아닌 외곽에서 세도나를 둥글게 둘러싸고 있다. 인디언들은 이 곳을 성지로 여겨 세도나 밖에서 거주했으며, 산봉우리나 계곡에서 의식을 치를 때만 방문했다는 것이다. 오늘날까지 몇몇 야바파이나 아파치 인디언 부족들은 마치 힌두교인들이 갠지즈 강가로 성지 순례를 가는 것처럼 세도나를 일 년에 한 번씩 방문하여 정화욕을 한다고 한다.

세도나는 또한 예술의 도시다. 이 작은 도시에 갤러리가 마흔 군데나 된다. 세도나 인구의 3분의 1은 예술가일 거라는 우스갯소리까지 있다. 세도나는 예술적 영감을 떠올리기에는 참으로 완벽한 도시다. 세도나에서는 누구나 붓을 들어 그림을 그리고, 피리를 불고 싶은 마음이 저절로 든다. 눈앞에 펼쳐진 아름다운 자연의 예술 앞에서 인간 또한 함께 춤추고 노래하며 자신 안의 창조성을 마음껏 펼치고 싶어지는 것이다. 악기 연주와는 거리가 멀었던 나 역시 이곳에서 피리를 불고 서예를 하면서 예술의 아름다움과 창작의 기쁨을 맛보게 되었다.

세도나를 이야기할 때 빼놓을 수 없는 것 중의 하나가 바로 볼텍스다. 볼텍스란 원래 하나의 축을 중심으로 물체가 나선형으로 회전하는 현상을 일컫는 말이다. 소용돌이치며 물이 빠지는 현상이나 토네이도 등을 예로 들 수 있겠다. 알고 보면, 작은 원자부터 시작해서 거대하게 소용돌이치는 은하까지 이 우주는 볼텍스 현상으로 가득 차 있다.

연구가들에 따르면, 지구에는 스물한 개의 강력한 볼텍스가 있는데 그 중 네 개가 세도나에 모여 있다고 한다. 철 성분이 많은 붉은 바위가 이러한 에너지를 발생시킨다고도 하고, 붉은 바위 아래 묻혀 있는 거대한 수정의 힘 때문이라고도 한다.

벨락, 에어포트 메사, 대성당 바위, 보인튼 캐년은 잘 알려진 4대 볼텍스다. 그러나 내 경험으로는 이 네 곳뿐만 아니라 세도나 전체가 볼텍스라고 해도 과언이 아니다. 다른 지역에 갔다가 세도나로 돌아올 때마다 이곳이 얼마나 기가 충만한 땅인가를 느끼고는 새삼 놀랄 때가 많다. 세도나 지역에서 자생하는 향나무와 소나무 중에는 몸통과 가지 전체가 뿌리에서부터 소용돌이치듯이 꼬여 있는 경우가 많은데, 이 또한 땅에서부터 소용돌이치며 분출되는 볼텍스의 에너지 영향 때문이라고 본다.

인디언들은 세도나를 '영원한 생명을 주는 지구 어머니의 에너지가 나오는 땅'이라고 불렀다. 또한 세도나의 우뚝 솟은 붉은 바위에 '위대한 영혼'이 깃들어 있으며, 그들이 세도나를 찾는 사람들에게 진정한 꿈과 열망을 깨닫게 해준다고 믿었다.

나는 인디언들의 그러한 믿음과 붉은 바위의 전설이 단지 그들의 희망 사항만은 아니었다고 믿는다. 나 또한 세도나의 붉은 바위에서 위대한 영혼들을 만났고, 이곳 세도나에서 나의 꿈과 열망을 키워왔기 때문이다.

오직 하나의 질문
Only One Question

세도나로 이사를 오고 나서 내가 가장 먼저 한 일은 발이 부르
트도록 세도나 구석구석을 돌아다닌 일이었다. 워낙 호기심이
많고 모험을 좋아하는 데다 뭐든지 직접 몸으로 부딪치고 체험
하지 않으면 직성이 풀리지 않는 성격 탓도 있지만, 알면 알수록
더욱 신비한 세도나의 매력은 매일 나를 바위산과 골짜기로 불
러들였다.

내가 세도나의 비경을 찾아다닌다는 소문을 어디서 들었는지,
어느 날 자기 머리 속에 세도나의 모든 지형이 지도보다 더 상
세히 들어 있다는 사람이 나를 찾아왔다. 그는 백인과 인디언의
피가 반반 섞인 볼텍스 투어 가이드였다. 나는 그와 함께 세도나
일대를 탐험하기 시작했다. 잘 알려진 네 개의 볼텍스부터 시작
해서 몇 주 동안 세도나 구석구석을 안 가본 곳이 없을 만큼 샅

샅이 살폈다.

쾌활하고 호탕한 성격에 피리를 꽤 잘 불었던 그 가이드는 어느 날 내게 이렇게 말했다.

"세도나에 올 때는 자기가 가지고 있던 생각이나 욕망을 다 놓고 와야 한다는 얘기가 있습니다. 그렇지 않으면 세도나의 에너지를 받을 수 없고, 그런 에너지가 세도나를 오염시킬 수도 있습니다. 그래서 세도나에 올 때는 마음을 비우고 준비를 하고 와야 합니다."

나는 머리를 끄덕여 공감을 표시했다.

"그렇지요. 비우지 못하면 채우지도 못하니까요. 그러면 어떻게 해야 생각이나 욕망을 내려놓을 수 있습니까?"

그 가이드는 잘 모르겠다는 듯이 어깨를 으쓱했다. 나는 그에게 몸의 에너지 감각을 일깨워 마음을 비우고 쉽게 대자연과 하나가 될 수 있는 방법을 알려주었다. 그리고 그와 함께하는 세도나 볼텍스 여행이 끝나기 전에 언젠가는 꼭 해주고 싶었던 말을 꺼냈다.

"가끔은 침묵 속에서 당신의 내면에 귀를 기울여보십시오. 침묵 속에서 세도나의 에너지와 더 깊이 교류할 수 있습니다. 그러면 당신은 단지 세도나의 멋진 관광 코스를 알려주는 사람이 아니라, 사람들이 자기 인생의 코스를 아름답게 가꾸도록 도와주는 가이드가 될 겁니다."

그는 내 조언에 대해 잠시 생각하는 듯하더니 갑자기 진지한 표정으로 물었다.

"전문가이신 것 같은데 …… 뭐하는 분입니까?"

이 사람에게 나를 어떻게 소개하면 좋을까? 그의 질문을 받고 보니 세도나에 오기 전까지 내가 겪었던 많은 일들이 떠올랐다. 나는 내가 선택한 꿈을 이루기 위해 그때까지 수많은 역할극의 주인공을 자처했고, 필요에 따라 여러 가지 옷을 갈아입었다. 나는 다양한 직함을 갖고 있지만, 그동안 내가 해왔던 모든 일들의 바탕에는 언제나 오직 하나의 질문이 있었다. 그 질문은 "나는 누구인가?"였다.

한국에서의 젊은 시절

My Early Days in Korea

나는 1950년 12월, 전쟁의 포염이 한국을 뒤덮고 있을 때 태어났다. 어린 시절 유난히 여리고 몸도 약했다. 학교 공부에는 제대로 집중하지 못해 많은 어려움을 겪었다. 몸이 약했던 탓도 있지만, "내가 왜 이곳에 있는 거지?"와 같은 근원적인 질문들이 머릿속을 떠나지 않아 공부에 집중할 수가 없었고, 노트 필기조차 제대로 할 수 없었다.

당연히 성적은 형편없었고, 내가 다니던 초등학교의 선생님이었던 아버지를 난처하게 만든 적이 한두 번이 아니다. 또래 아이들과 노는 것이 재미가 없어서 혼자 뒷산을 쏘다니며 산열매를 따먹거나 소나무 둥치에 기대앉아 공상을 하곤 했다. 가끔 '내가 지금 왜 여기에 있지?'라는 의문이 들거나 내가 내 몸 속에 갇혀 있어서 너무 답답하다는 엉뚱한 생각이 들곤 했다.

중학교 2학년 여름방학 때, 친구를 데리고 저수지에 수영을 하러 갔다가 친구가 물에 빠져 죽는 큰 사고가 있었다. 그날의 충격 때문에 거의 한 달간을 앓아누웠다. 그날 이후 나는 죽음에 대한 극심한 공포와 불안을 겪게 되었다. 그 친구처럼 나도, 부모님도, 이 세상의 모든 것도 언젠가는 다 사라져버릴 것이라는 생각에, 산다는 것이 너무나 허망하게 느껴졌다. 학교공부와는 더 담을 쌓게 되었고, 마음 둘 곳이 없었던 나는 하루에도 몇 시간씩 태권도, 합기도 등의 무술에 무서울 정도로 매달렸다.

고등학교 때는 지독한 염세주의자가 되었다. "야! 넌 왜 사냐?"라는 질문으로 친구들을 당황하게 했고, "인간은 죽으려고 사는 거야!"라고 말하며 성실하게 조용히 살아가는 사람들을 비웃었다. "하느님! 내 허락도 없이 나를 이 세상에 던져놓았으면, 왜 살아야 하는지는 알려줘야 하는 것 아닙니까?" 나는 가끔 밤하늘을 올려다보며 볼멘 목소리로 항의하곤 했다. 누구에게랄 것도 없는 원망과 답이 없는 질문으로 가슴이 터질 것처럼 답답하던 시절이었다.

스물두 살에 나는 늦깎이 대학생이 되어 임상병리와 체육교육을 공부했다. 졸업 후에는 결혼도 하고 괜찮은 병원에서 병리실장으로 근무하기도 하면서, 착실한 가장으로 성실하게 살아가려고 노력했다. 두 아들도 낳고 생활은 안정되었지만, 매일 퇴근 후 집에 돌아오는 길에 하늘을 올려다보면 울컥 서러움이 목까지 치밀어 오르고 한없이 외로워졌다. 겉으로는 아무 문제가 없는 생활이었지만 무의미하게 흘러가는 시간은 정말 견디기 힘들었다. 삶의 의미를 모른 채 살아가야 한다는 것이 내게는 여전히 참을 수 없는 고통이었다.

그래서 삶과 죽음의 문제에 대한 해답이나 실마리를 던져줄 수 있는 사람을 찾아 방황하기 시작했다. 철학이나 정신세계에 관한 책들을 찾아 읽고, 틈만 나면 산에서 수도했다는 사람들을 찾아다녔으며, 어디에 공부를 많이 한 사람이 있다는 소문만 들으면 열 일 제쳐놓고 쫓아가보기도 했다. 그러나 마음에 크게 와 닿는 것은 찾을 수 없고, 인생에 대한 허무함과 고뇌는 갈수록 깊어만 갔다.

백일 동안의 새벽 수행
100-Day Training

세도나의 볼텍스 지역에서는 여러 가지 신기한 에너지 현상이 많이 일어난다. 오랫동안 고민하던 문제의 해답이 절로 떠오른다거나 몸의 아픈 곳이 치유되는 사례도 더러 있다. 처음 가본 장소인데도 언젠가 와본 것 같은 기시감을 느끼거나 전생을 기억하기도 하고, 강렬한 영감이나 아이디어가 떠오르기도 한다. 인디언의 영혼이나 산의 정령을 만났다는 사람들도 많다.

볼텍스 지역에서 일어나는 신기한 에너지 현상들이 사실 내게는 너무나 익숙한 일상과 같다. 보이지 않는 에너지의 세계는 보이는 현실의 세계와 중첩되어 있다. 에너지의 세계를 믿지 않는 이들에게는 판타지처럼 들리겠지만, 에너지를 느끼는 사람들에게는 마치 눈을 뜨면 사물이 보이는 것처럼 너무나 생생한 현실의 일부다.

"나는 누구인가?"라는 질문에 대한 해답을 찾기 위해 수행을 하고 명상하는 과정에서 나는 아주 다양한 에너지 현상을 체험했다.

가정을 꾸린 후에도 채워지지 않는 삶의 의미에 대한 갈증으로 방황하던 1970년대 후반의 어느 날, 나는 서울 청계천에 있는 한 고서가에 갔다. 기氣와 역학, 한의학 관련 책자를 찾으러 자주 들르던 곳이었다. 서가를 훑어보는데 불에 타서 표지가 반쯤 떨어져 나가고 없는 책이 눈에 띄어 무심코 집어 들었다. 태극권에 관한 책이었다. 책 중간을 펼치자 "선禪을 통해서 기를 터득하면 천하무적이 된다"라는 글귀가 눈에 들어왔다. 그 순간, 나는 깜짝 놀랐다. 마치 감전된 것처럼 너무나 강력한 에너지가 순간적으로 몸을 타고 흘렀다. 온몸에 전율이 일어났다. 그때부터 내가 내 몸을 움직이는 것이 아니라 어떤 강력한 기운이 나를 움직이기 시작했다.

다음날 새벽 네 시에 일어나서 수련을 하겠다고 마음을 먹고 잤는데, 눈을 떠 보니 정확하게 새벽 네 시였다. 내가 일어났다기보다는 몸이 저절로 일어나 뒷산으로 가서 수련을 했다는 표현이 더 맞을 것이다. 그때부터 내 생활은 180도로 달라졌다. 기운 속에서, 기운을 타고, 기운에 취한 생활이었다. 책을 좀 봐야겠다고 생각하는 순간, 손이 책 있는 곳으로 쭉 뻗어지고, 밥을 먹을 때도 기운이 내 손을 들어 수저를 들어올렸다. 마치 무중력 상태에서 유영하는 우주 비행사처럼 몸의 어느 곳에도 힘이 들어가지 않고 몸이 알아서 저절로 움직이는 느낌이었다. 가끔은 모든 동작이 슬로비디오를 보듯 아주 느리게 인식되곤 했다. 그렇다고 몽환적인 상태는 아니었다. 의식은 아주 명료했다.

나는 그 느낌을 잃어버리고 싶지 않아서 백일 동안 수련을 하기로 결심했다. 백일 수련은 그냥 절로 되었다. 매일같이 새벽 네 시가 되면 눈이 저절로 떠져서 나도 모르게 뒷산에 가서 앉아 있었으니까. 컴컴한 가운데 삼십 분가량 산을 오르다보면 저절로 발걸음이 멈춰지는 데가 있다. 그러면 그곳이 내가 앉아서 공부할 자리다. 자리를 잡고 앉아 호흡을 고르면 온몸에 기운이 돌면서 눈앞에 붉은 빛기둥이 내려오다가 황금빛 광채가 나는 사람이 보였다. 그 황금빛 광채는 내가 눈을 뜨고 일어나면 사라져버렸다. 나중에야 알았지만 그것은 내 몸에서 나오는 인광人光이었다.

이상하게도 아무리 오랫동안 앉아 있어도 힘들지 않았다. 숨을 쉬고 있는지조차 잘 모를 정도로 호흡은 깊어졌다. 앉기만 하면 온몸의 무게가 사라져버리고 저절로 호흡이 되었다. 손이 저절로 둥실 떠올라 한 번도 배운 적이 없는 무예 같기도 하고 춤같기도 한 동작이 계속되었다. 내 맥박 뛰는 소리가 북소리처럼 크게 들리고, 몸 안에서 혈액이 흐르는 소리가 폭우가 쏟아진 뒤 콸콸 흐르는 계곡물 소리처럼 들리기도 했다.

내 임상병리실에 찾아온 방문객의 얼굴을 보면 나도 모르게 혈압이나 혈당량 등의 수치가 떠올랐는데, 나중에 실제로 검사해보면 신기하게도 그 숫자와 정확하게 일치하는 일이 빈번했다. 그 당시, 나는 이러한 체험들을 기 수련을 하는 과정에서 일어나는 다양한 현상으로 이해했지만, 그 현상의 배후에 있는 원리는 아직 알지 못했다.

백일 수련이 끝나갈 무렵, 나는 인간에게 잠재된 에너지의 파워를 자각하는 중요한 경험을 하게 되었다. 그 전날 방송에서 다음날 출근길 체감온도가 영하 이십 도를 밑돌 거라는 말을 들었다. 그런 강추위라면 수련을 쉬어야 하나, 싶기도 했지만 그동안 들여온 정성 때문에라도 접을 수 없어서 평소와 다름없이 집을 나섰다.

그러나 막상 산에 올라 바위 위에 앉으니 웬걸, 내가 그날 추위를 너무 얕보았다는 생각이 절로 들었다. 눈이 꽁꽁 얼어붙은 바위 위에 앉자마자 온몸이 덜덜 떨리는 것이 도무지 정신을 집중할 수 없었다. 눈을 감으면 늘 볼 수 있었던 황금빛 인광도 나타나지 않았다.

시간이 흐르자 몸이 물리적으로 얼고 있다는 느낌이 왔다. 눈도 아려 왔다. 눈 밖으로 배어나온 눈물은 이미 언 것 같았다. 무릎을 짜르르하게 하는 냉기가 견디기 힘들어지자 걱정이 되기 시작했다. '이대로 몸이 언다면 큰일인데 …….' 하지만 포기하기 싫었다. 일종의 오기 같은 것이 생겼다. '하늘이 때가 되어 데려가겠다면야 갈 수밖에 없지. 내가 살고 싶다고 해서 살 수 있는 것도 아니고, 죽고 싶다고 해서 뜻대로 죽을 수 있는 것도 아니다. 모든 것을 하늘에 맡기고 도대체 얼어 죽는 것이 어떤 것인지 구경이나 해보자.'

추워서 잔뜩 추켜올린 어깨를 아래로 느긋하게 내리고 아랫배에 기를 모으며 호흡을 하려고 했다. 그러나 너무 추우니까 몸만 덜덜 떨릴 뿐 깊은 호흡이 되지 않았다. 서서히 몸이 마비되는 듯했고, 정신마저 혼미해지는 것 같았다. 그제야 내가 정말 잘못 판단했다는 생각이 들었다. 더 늦기 전에 멈추어야겠다는 생각과 함께 나는 황급히 몸을 일으켰다. 그러나 이미 때는 늦었다.

온몸이 마비되어 꼼짝할 수가 없었다.

후회가 밀려왔다. 막상 아무리 애를 써도 내 의지대로 몸을 움직일 수 없는 상황이 되자 엄습해 오는 것은 감당 못할 두려움이었다. 죽음에 대한 공포가 온몸을 덮쳐왔다. 어떻게 해서든 움직여보려고 갖은 애를 다 썼지만, 내 몸은 돌이 된 듯 굳어버렸다. 이젠 그러고 싶지 않아도 정말로 생사를 포기할 수밖에 없는 순간이었다. 나는 모든 것을 체념하며 이렇게 말했다.

"하늘이시여! 당신의 뜻대로 알아서 하십시오."

놀라운 일이 벌어진 것은 바로 그때였다. 갑자기 호흡이 편안해지며 아랫배가 따뜻해지기 시작했다. 아랫배에서 무언가가 물컹하고 꿈틀대기 시작하더니 아랫배의 에너지 센터가 뜨거워지면서 폭발하듯이 온몸에 열기가 돌기 시작했다. 극한 상황에서 몸 안의 원기元氣가 발동한 것일까? 나는 몸 안에서 일어나는 기이한 현상을 지켜보았다. 온몸에서 김이 무럭무럭 나고 땀이 쏟아졌다. 주위의 눈도 녹고 있는 것이 보였다. 그러더니 온몸에 진동이 일어나며 몸이 들썩들썩 솟구치기 시작했다. 격렬한 떨림이었다. 가부좌를 튼 채 앉아 있는데 몸이 사시나무 떨리듯 하더니 갑자기 높이 떠올랐다가 바닥으로 툭 떨어졌다. 순간 팔다리의 관절들이 쑥 빠졌다가 스멀스멀 다시 제자리를 찾아 들어가는 느낌이 들었다.

나는 몸을 일으켜 세웠다. 몸의 열기가 말할 수 없을 정도였다. 몸이 불덩어리같이 뜨거워지고, 속에서 터져 나오는 엄청난 힘을 주체할 수가 없었다. 너무 기운이 넘쳐서 어찌할 바를 모르다가 나도 모르게 한 손으로 옆에 있는 작달막한 소나무 한 그루를 잡아챘다. 겨울 소나무 뿌리가 얼마나 단단한가. 그런데 꽁꽁 언 땅에 박혀 있는 나무가 뿌리째 쑥 딸려왔다. 이것은 모두 우리 몸의 에너지 순환이 완전해져서 극대의 파워를 사용할 수 있을 때 생기는 현상이다.

백일 수련이 끝났지만 나의 수련은 끝나지 않았다. 백일일, 백이일 …… 나의 수련은 강도를 더해가는 궁극적인 의문과 함께 더욱 깊어져갔다. 그러던 어느 날, 나는 삶의 궁극적인 의문을 풀기 위해서는 정말로 직장과 가족을 떠나서 온전히 내면에 집중할 수 있는 시간과 공간이 필요하다는 것을 절실하게 느꼈다. 그래서 나는 가족들이 생계를 걱정하지 않도록 준비해준 후, 몇 달 전에 새벽 수련을 하면서 영감을 통해 안내받은 장소로 향했다. 그곳이 바로 모악산이었다.

모악산에서의 21일

21 Days on Moak Mountain

1980년 7월, 나는 모악산 중턱에 있는 동곡사라는 작은 암자에 도착했다. 나는 이십일 일 동안 먹지도 자지도 눕지도 않고 수련에 몰두해보기로 마음먹었다. 백일수련 체험을 통해 정성을 들이면 극한 상황에서 나의 의지가 아닌 어떤 힘이 와서 나를 이끌어준다는 믿음을 갖게 되었기 때문이다.

처음에는 모악산 입구에서부터 동곡사까지 하루에 세 차례씩 오르내렸다. 몸은 날아갈 듯 가벼웠다. 삼 일쯤 되니까 배고픔은 그나마 물을 마시며 견딜 만했는데 문제는 쏟아지는 잠이었다. 졸음을 참기 위해 밤에도 산속을 걸어 다녔다. 단지 깨어 있기 위해 마냥 걸어야 했던 때도 있었고, 소나무 한 그루를 붙들고 몇 시간을 서 있기도 했다.

오 일쯤 되니까 눈꺼풀이 내려앉으며 눈이 잘 안 떠졌다. 이 세상에 가장 무거운 것은 너무나 졸린 순간에 뜨고 있어야 하는 눈꺼풀이라는 말이 실감이 났다. 어찌나 잠이 쏟아지는지 서 있어도 다리가 휘청거렸다. 동곡사 옆에는 두 길 정도 되는 높이의 작은 폭포가 하나 있다. 나는 졸음을 참기 위해 폭포가 시작되는 절벽 쪽에 무릎을 꿇은 채 앉아 있었다. 절벽 위에서 졸다가 떨어지면 다칠 것이라는 긴장감이 졸음을 쫓는 각성제가 될 거라 생각했다. 그러나 웬걸, 나는 그 절벽 위에서도 깜빡 졸다가 굴러 떨어지고 말았다. 그것도 세 번이나 말이다. 그러나 신기하게도 가벼운 타박상을 입은 것 말고는 멀쩡했다. 그렇게 이젠 더 이상 견딜 수 없다고 느껴지는 극한 상황이 일곱 번 지나갔다.

이십일 일 수련이 진행되는 동안 오감의 세계를 넘어선 초의식 상태에서 수많은 기적氣的, 영적 체험을 했다. 잠을 자지 않았는데, 지금 생각하면 거의 반수면 상태였던 것 같다. 수련을 할 때 눈은 감고 있으면서도 옆에서 소곤거리는 말소리가 생생하게 들렸던 것처럼, 몸은 반수면 상태에 들어가 있는데 의식은 명료했다고나 할까.

눈을 감으면 하늘에서 글씨가 내려오기도 했고, 책에서 읽었던 여러 성인들의 영상이 나타나 나에게 이런 저런 메시지를 주기도 했다. 어떤 때는 다음날 산에 올라올 누군가를 미리 보기도 하고, 모악산 아랫동네에서 일어나는 일들, 고향집에서 일어나는 일들이 눈앞에 훤히 보이기도 했다. 모악산 정상에 앉아서 모악산 밑자락에 있는 호수의 물고기가 노니는 모습이 보이기도 했다.

이십일 일 수련의 막바지가 되었다. 견디기 어려운 두통이 찾아왔다. 머리가 깨질 것처럼 아팠다. 너무나 고통스러워 정신을 차릴 수가 없었다. 눈과 귀에도 통증이 너무 심해서 볼 수도, 들을 수도 없었다. 머리뼈가 늘어나기라도 하는 듯이 빠지직빠지직 하는 소리가 울려왔다. 이대로 머리가 터져 죽을지도 모른다는 생각이 들었다. 눈알이 터질 것 같다 싶더니 코피가 푹 하고 터져 나왔다. 기운이 온통 머리로 쏠렸기 때문인 것 같았다. 머리로 몰린 기운을 내리려고 별별 시도를 다했다. 있는 힘껏 껑충껑충 뛰어보기도 하고, 물구나무를 서보기도 하고, 목을 눌러보기도 했다. 심지어는 바위에 머리를 부딪쳐보기까지 했다. 그러나 아무 소용도 없었다. 고통은 조금도 줄지 않았다. 그런 상황 속에서 시간이 얼마나 흘렀는지 알 수 없었다. 시간 감각조차 이미 마비되어 있었다.

마침내 나는 모든 노력을 포기했다. 머리가 부서져야 이 고통이 사라진다면 그래, 부서져버려라! 나는 다시 있는 힘을 다해 가부좌를 틀고 앉았다. 호흡을 조절하고 애써 평정을 유지하며 격심한 고통을 지켜보았다. 그 순간, 이런 생각 하나가 번갯불처럼 스치고 지나갔다. 누가 아픈 것인가? 그래, 아픈 것은 내 머리일 뿐이지 않은가. 머리, 그것은 내가 아니다. 내 머리는 내 몸일 뿐 내가 아니다. 내 몸은 내 것일 뿐 내가 아니다. 그 순간 의식을 몸으로부터, 몸으로 한정지어진 모든 생각과 관념들로부터 잘라버리는 섬광과 같은 자각이 나의 뇌에서 폭발하였다.

"꽝!"

갑자기 머릿속에서 엄청난 폭발음과 같은 소리가 났다. 그 순간 생명이 끝났다고 생각했다. 그러나 나는 살아 있었다. 머리가 없어진 것 같은 느낌이 들어서 손으로 머리를 만져보았다. 머리는 그대로 있었다. 언제 머리가 아팠냐는 듯이 그렇게 편할 수가 없었다.

모든 고통이 사라지고 모든 것이 평화로웠다. 그 평화는 어마어마하게 큰 것이었다. 갑자기 내 몸과 주위를 구분 짓던 피부가 사라져버린 느낌이었다. 한순간이었다. 모든 것이 확연해졌다. 시간과 공간을 완전히 초월한 본성의 자리, 모든 것이 하나로 통합된 완전한 자유와 평화의 자리 ……. 바로 이것이었구나! 나는 일시에 모든 먹구름이 걷히는 형언할 수 없는 밝음의 순간을 만났다.

그때 내면의 소리가 나에게 물었다.

"나는 누구인가?"

의심 없는 대답이 내 속에서 터져 나왔다.

"나는 천지기운이다!"

"나는 천지마음이다!"

천지를 가득 채운 이 기운이 나다. 나는 천지를 부모로 하여 태어났으나, 사실은 태어난 적이 없다. 태어난 것은 내 몸, 이 육체일 뿐이다. 나는 내가 이 몸을 받기 전부터 있었다. 나는 우주의 영원한, 근원적인 생명 에너지다. 내 가슴에는 우주의 음악이 울리고, 피부로는 자연의 숨결이 드나들고 있었다. 이 우주와 내가 둘이 아니고, 이 자연과 내가 둘이 아니었다. 내가 천지의 주인이구나. 모든 것이 하나로구나. 하나! 한!

깨달음 이후

After Enlightenment

모악산에서 이십일 일 수련이 끝난 후 다시 이십일 일을 더 머물렀다. 처음 며칠 동안은 한없는 밝음 속에서 말을 잃었다. 그저 침묵 속에 존재하는 것 외에 내가 할 수 있는 일은 아무것도 없었다. 그러나 며칠이 지나자 고민이 되기 시작했다. 이제 어떻게 할 것인가? 이 깨달음을 어떻게 할 것인가?

며칠을 고민하던 어느 날, 명상 중에 파랗게 빛나는 지구의 아름다운 모습이 보였다. 감탄하며 바라보고 있는데 갑자기 지구가 무서운 속도로 내 앞으로 다가왔다. 엄청난 기운의 작용 때문에 나는 훅하고 숨을 들이마셨다. 나와 지구는 거의 마주칠 듯 가까이 있었다.

나는 두 손을 펼쳐 손바닥으로 지구를 어루만졌다. 내 숨결과 지구의 숨결이 어우러지면서 나와 지구가 하나가 되어 호흡을 했다. 그 순간의 사랑의 감정이 너무 강렬하여 어느 누구도 이 지구처럼 사랑한 적이 없는 것 같았다.

다음 순간 지구가 내 앞에서 서서히 돌아가기 시작했다. 펼쳐 든 두 손바닥으로 지구의 대륙과 대양들이 스쳐가는 게 느껴졌다. 그러더니 빠른 속도로 내게서 떨어져 나갔다.

그 후로 수없이 겹쳐진 많은 영상들이 스치며 지나갔다. 영상은 두 가닥이었다. 한 가닥은 인류가 자연재해와 전쟁과 질병 속에서 비극적으로 고통받는 모습이었다. 그 광경은 너무나 참혹해서 몸서리가 쳐졌다. 또 다른 갈래는 모든 사람들이 자연과 더불어 건강하고, 행복하고, 평화롭게 사는 모습이었다. 참혹함과 아름다움의 대비는 너무 강렬해서, 그 순간 인류의 운명이 곧 내 운명이 되어 심장을 파고 들어왔다. 나와 인류의 운명이 하나란 느낌이 내 심장 깊숙한 곳으로 찌르고 들어오자 그것은 영원히 떨쳐버릴 수 없는 것이 되고 말았다.

나는 내 목숨을 던져 할 일을 찾았다. 인류의 운명을 행복과 평화로 바꾸는 일에 기여하는 것, 그것이 내 사명이었다. 그 큰 사명을 향해 달려가라고, 그 일을 하는 것이 내 존재의 이유라고 나의 본성은 외치고 있었다. 그 소리가 너무나 크고 너무나 진실해서 외면할 수 없었다. 그러므로 나는 해야 한다.

하지만 무슨 수로, 내게 무슨 능력이 있어 그렇게 할 것인가? 세상사람 그 누구도 그 일을 해달라고 나에게 부탁하지 않았다.

누가 나에게 그것을 바라겠는가? 한낱 평범한 전직 임상병리사에게. 내가 나에게 스스로 용기를 주는 수밖에 없었다. 그래, 사람들이 나를 어떻게 생각하든 상관없다. 그 일을 내 존재 이유라고 느낀 이상 그 일을 하지 않는다면 나는 존재할 의미가 없다. 나는 어둠 속에서 몸을 일으켰다. 가보자. 사람들은 나에게 오지 않을 것이다. 내가 사람들이 있는 곳으로 가는 것이다. 가자. 내가 얻은 이 자각을 사람들과 함께 나누자. 길을 모르면 물어서 가고, 물어서 길이 없다면 그 길을 만들어서 가면 되겠지. 이런 다짐을 하면서 모악산을 내려왔다.

나는 모악산으로 떠나기 전에 다니던 직장을 그만두고 생수 대리점 사업을 시작했다. 내가 산으로 들어가더라도 가족의 생계는 어떻게든 보장해주고 가야 한다는 생각 때문이었다. 그러나 모악산에서 돌아와 보니 생수 대리점은 완전히 거덜이 나 있었고, 가족은 경제적으로 많은 어려움을 겪고 있었다. 그 현실을 바라보고 있으니, 무엇을 어디서부터 어떻게 시작해야 할지 참으로 난감했다.

얼마나 이율배반적인가? 영적인 세계에서 나는 더 이상 구할 것이 없었다. 우주와 일체감을 느낀 나로서는 지구를 콩알처럼 작게 만들어서 콧구멍에 넣었다 뺐다 할 정도로 이 지구가 작게 보였다. 그러나 눈앞의 현실은 너무나 절망적이었다.

영적인 세계와 물질적인 세계, 그 두 세계 사이의 간극이 정말

컸다. 도대체 내 깨달음이 무엇이란 말인가? 지금도 이렇게 선명하게만 느껴지는 내 깨달음이 착각이란 말인가? 현실의 경제적인 문제 때문에 이렇게 고민하는 나는 또 무엇이란 말인가? 내가 얻은 깨달음의 세계를 현실의 물질세계에서 펴나가는 것, 그것이 결코 쉬운 일이 아니라는 것을 그때 나는 뼈저리게 깨달았다.

무엇을 어디서부터 어떻게 시작해야 하는가? 한 가지 확실한 것은 내가 얻은 깨달음과 사명이 진짜인지 확인해보는 유일한 길은 그것을 전달해보는 방법밖에 없다는 것이었다. 내 깨달음을 전달해도 사람들이 아무런 감흥도 느끼지 못하고 달라지는 것이 없다면 내 깨달음은 착각에 불과할 것이다. 그러나 내 깨달음이 전달되어 내가 느낀 천지기운 천지마음을 그들도 느낄 수 있다면, 나의 깨달음은 나 자신뿐만 아니라 다른 사람들에게도 큰 의미가 있지 않겠는가?

나는 다음날 새벽에 일어나 공원에 갔다. 공원에서 사람들을 만나 새로운 씨앗을 뿌려보고 싶었다. 공원에서 내가 처음으로 만난 사람은 중풍에 걸린 노인이었다. 불편한 몸짓으로 운동을 하고 있는 그에게 다가가서 어깨와 등을 주물러주기도 하고, 그에게 맞는 운동법들을 가르쳐주었다. 그런데 하루 이틀 지나면서 사람들이 늘어나기 시작했다. 우리가 하는 이상한 동작들이 무엇인지 궁금해서 기웃거리던 사람, 먼발치에서 힐끗거리며 따라해 보던 사람, 여기저기서 소문을 듣고 온 사람까지 얼마 지나지 않아 매일 아침 열 명을 훌쩍 넘는 사람들이 새벽마다 나와 함께 수련을 하게 되었다.

그 무렵, 내 안에서는 내가 터득한 깨달음을 실험하기 위한 설계도의 초안이 만들어지고 있었다. 공원에서 만난 사람들을 가르치고 그들과 대화하는 가운데 내 깨달음을 더 잘 전달할 방법을 고민하고 연구하게 되었다. 그때 나의 깨달음이 한국 전통의 선도문화와 철학에 맥이 닿아 있다는 것을 알게 되었고, 이 선도에 바탕을 둔 한국 전통의 심신수련법을 현대화하여 '단학'이라는 이름의 수련 체계로 정리하게 되었다. 이 수련법을 보급할 센터를 열어야겠다는 생각으로 문을 연 것이 스물다섯 평짜리 작은 공간이었고, 그것은 제1호 단센터가 되었다.

하지만 거기에까지 이르는 데만도 얼마나 힘이 들었는지 모른다. 깨달음은 단지 시작일 뿐이었다. 깨달음 이후에 달라진 것은 오직 나의 의식뿐, 내 주변 환경은 그대로였다. 꿈은 있었으나 그 꿈을 이루기 위해 무엇을 어떻게 해야 할지, 나는 알 수 없었다. 경험도 없고 도와줄 사람도 없었지만, 하늘을 믿고 무조건 부딪혀보기로 선택했다. 공원에 나가서 건강법을 가르치고 사람들을 만나고, 만나는 이들에게 내 꿈을 이야기하고, 그 꿈을 함께할 사람들을 만나 최초의 센터를 열기까지 오 년이라는 세월이 걸렸다.

그 후에 세도나에 오기 전까지 약 십 년간 나는 혼신의 힘을
다해 한국에서 단학을 보급해왔다. 더 많은 이들에게 더 쉽게
우리 내면의 위대함과 무한한 가능성을 일깨워줄 수 있는 방법
을 찾기 위해 끊임없이 연구하며 많은 수련법을 개발했다. 책을
쓰고, 제자들을 양성하고, 전국의 주요 도시를 순회하며 공개강
연회를 해서 센터를 늘려나갔다. 스물다섯 평짜리 작은 공간에
서 시작한 단센터가 내가 세도나에 올 무렵에는 오십 개에 이르
렀다.

세도나 명상여행을 시작하다

The Sedona Meditation Tour

세도나 지리에 밝다는 그 투어 가이드와 함께 몇 주 동안 세도
나의 볼텍스 지역을 집중적으로 답사한 이후에도 나는 몇 달 동
안 인근의 산과 들을 구석구석 찾아다녔다. 새벽 명상 중에 오
늘은 저 산이다 싶은 느낌이 오면 날이 밝자마자 그리로 향했다.
한밤중에도 바위산을 올랐고, 차를 타고 가다가도 마음이 끌리
는 곳이 있으면 길가에 차를 세워두고 산길을 걷곤 했다. 아름답
고 감동적인 장소에 혼자만 앉아 있기가 아까워 가까운 제자들
을 불러 함께 다니기도 했다.

세도나의 산과 계곡에서 개인적으로 그리고 제자들과 함께
명상을 하면서 자연스럽게 그동안 내가 가르쳐왔던 단학의 원
리와 수련법에 세도나의 볼텍스 에너지 체험을 접목하게 되었
다. 단학은 에너지에 대한 학문이자 수련법이다. 나는 에너지의

원리를 활용하여 자기 삶의 진정한 주인으로 사는 법을 가르쳐 왔다.

인체에는 에너지가 흐르는 길인 경락이 있고, 에너지가 몸으로 들어오고 나가는 구멍인 혈이 있다. 또한 에너지가 집중적으로 모여 있는, 보이지 않는 에너지 중심점이 있다. 이것을 인도 전통에서는 '차크라'라고 하고, 한국 선도 전통에서는 '단전'이라고 한다.

지구도 하나의 유기적인 생명체이기 때문에 인체와 비슷한 에너지 시스템을 가지고 있다. 지구에서 인체의 차크라와 같은 역할을 하는 것이 바로 볼텍스다. 볼텍스에는 강력한 기운이 집중되어 있고, 땅의 에너지가 소용돌이치며 분출되거나, 하늘의 에너지가 소용돌이치며 들어온다. 우리 몸의 에너지가 육안으로는 보이지 않는 것처럼 볼텍스 에너지 또한 눈에 보이지 않는다. 그러나 마음을 집중하면 몸의 에너지를 느낄 수 있듯이 다양한 감각을 통해 볼텍스의 에너지를 느낄 수 있다.

내가 느낀 세도나의 볼텍스 에너지는 인체 차크라의 균형을 잡아주는 힘이 있다. 우리 몸에 있는 에너지 볼텍스가 세도나의 에너지 볼텍스를 만나는 순간, 손상되었던 에너지 시스템이 원래의 균형 상태를 회복하는 것 같았다. 그러나 세도나의 볼텍스 지역에 있다고 해서 누구나 이러한 현상을 경험할 수 있는 것은 아니다. 아무리 에너지가 좋은 자리에 있다고 해도 에너지를 느끼고 활용하는 방법을 모르면 소용이 없다.

문제는 어떻게 하면 볼텍스 에너지를 느낄 수 있는가이다. 더 나아가 어떻게 하면 이 볼텍스 에너지를 통해 대자연과 깊이 교류하며 더 건강하고 창조적인 삶을 살 수 있는가이다. 또한 단지 신기한 에너지 체험에 머무르지 않고 더 깊이 들어가 자기 내면의 위대한 꿈과 힘을 발견하고 실현할 수 있는가이다.

한 해에도 수백만 명의 관광객이 세도나를 방문하지만 세도나에서 영감을 받고 돌아가는 사람은 과연 얼마나 될까? 대다수의 사람들이 무언가에 끌려 이곳에 왔지만 세도나의 아름다운 풍광만 여기 저기 구경하다가 돌아가는 것이 나는 무척이나 안타까웠다. 이런 여러 가지 생각 끝에 나는 세도나에서 새로운 시도를 해보기로 했다. 명상과 여행을 접목하여 '세도나 명상여행'이라는 자기개발 프로그램을 시작한 것이었다. 세도나 명상여행은 시작하자마자 큰 반향을 불러일으켰다. 이삼 년간 미국을 중심으로 활동하는 나를 그리워하던 한국의 제자들과 독자들이 나를 만나기 위해 세도나로 오기 시작했다. 미국의 다른 지역에 있던 나의 제자들과 독자들도 세도나로 찾아오기 시작했다. 이 아름답고 신령한 땅 세도나에서 그들을 만날 생각을 하니, 나 역시 가슴이 뛰었다.

나는 세도나 구석구석을 찾아다니며 지도에 표시된 거의 모든 길을 가보았다. 길도 나 있지 않은 가파른 산이나 바위 등성

이를 보면 그 너머의 경치가 어떨지 궁금해서 올라갔다가 발 디딜 곳을 찾지 못해 떨어질 뻔하거나 해가 져서 돌아갈 길을 찾기 힘들었던 경우도 한두 번이 아니었다. 그렇게 세도나를 누비고 다니다 탄성이 절로 나올 만큼 멋진 곳을 발견하면 가장 먼저 떠올랐던 것은 제자들의 얼굴이었다. 그들과 이 멋진 곳에서 함께 명상하며 자연과 인생에 대해, 우리의 아름다운 꿈에 대해 대화를 나눌 생각을 하면 가슴이 벅차오르곤 했다.

나는 세도나의 볼텍스 지역과 인디언들이 성소로 여기며 수행하던 장소를 주로 찾았다. 수련 경험이 많지 않은 이들과 명상여행을 할 때는 몇 곳의 볼텍스 지역을 돌되 산 높이 오르거나 계곡 깊숙이 들어가지 않고 쉬운 길을 따라 갔다. 그러나 수련 경험이 많은 이들과 함께할 때는 계곡 깊숙이 들어가 한 장소에서 오랜 시간을 명상하고 대화를 나누었다.

나는 그들과 명상여행을 하기 전에 늘 이렇게 말하곤 했다.

"이 세도나는 아름답습니다. 하지만 세도나가 아름답다고 느끼는 당신의 영혼은 더 아름답습니다. 세도나의 아름다움에만 취하지 말고 여러분의 내면에 귀를 기울여 보십시오. 그러면 내면에서 들려오는 소리가 있을 것입니다. 그것이 바로 세도나가 여러분에게 주는 메시지입니다."

세도나는 자기를 둘러싸고 있는 방어막을 해제하기 쉬운 곳이다. 세상의 인간관계 속에서 우리는 스스로를 완전히 열 수 없다. 서로 눈치를 보고 자신의 잇속을 챙기기 위해 열심히 계산을 하다보니 사람들 사이에 항상 보이지 않는 방어막이 생기게 된다. 방어막이란 닫힌 의식으로, 다른 사람과 교류하는 데 장애가 되는 것은 물론이고, 대자연의 에너지가 우리 몸으로 들어오는 것도 막는다. 그런 방어막 속에서는 자기 자신을 깊이 들여다볼 수 없다.

세도나의 아름답고 장대한 풍광과 거침없이 탁 트인 에너지는 자연스럽게 그런 방어막을 걷어간다. 이 방어막이 걷혔을 때 내면으로 떠나는 진정한 명상여행이 시작된다.

명상과 여행의 결합은 특히 우리의 뇌를 개발하는 아주 효과적인 방법이다. 일상을 벗어난 여행은 한편으로는 삶의 스트레스와 긴장으로부터 우리의 몸과 마음을 이완시키면서, 동시에 새로운 경험에 대한 기대로 우리의 마음을 깨어 있게 만든다. 여행이 갖는 이러한 특징이 바로 뇌의 능력을 최대로 사용할 수 있는 조건인 '이완된 집중' 상태를 쉽게 만들어준다.

여기에 의지적으로 이러한 상태를 좀더 증폭시키기 위한 명상 수련이 결합되면 그 효과는 더욱 커진다. 특히 특별한 에너지로 우리의 의식을 고양시키고, 인체 내의 에너지 순환을 활성화해주는 이곳 세도나에서 명상과 여행을 결합하면, 이 결합 자체가 갖는 장점과 힘을 크게 증폭시켜준다.

내가 사랑하는 세도나의 바위와 언덕

The Rocks and Hills of Sedona that I Love

이어지는 몇 개의 글은 혼자서, 때로는 제자들이나 명상여행 참가자들과 함께 오르내렸던 세도나의 산과 계곡, 바위에 대한 이야기다. 또한 세도나의 산과 들이 내게 전해준 지구의 마음에 대한 이야기다.

　우리는 산을 오르고, 꽃과 나무를 보고, 호숫가를 거닐며 자연의 아름다움을 느낀다. 그러나 저 산이 아름답구나, 저 하늘이 곱구나, 이 공간이 참 평화롭구나 하는 식이지 "이 지구가 아름답다"는 느낌을 주는 곳은 흔히 만날 수 없다. 그러나 나는 세도나에서 그런 느낌을 참으로 많이 받았다. 하늘과 땅의 아름다움을 동시에 볼 수 있는 곳이어서 그런지, 이곳에 올 때마다 지구 전체가 내 마음 속으로 들어왔다.

에어포트 메사

세도나에서 가장 접근하기 쉬운 볼텍스 지역을 꼽으라고 하면 단연 에어포트 메사Airport Mesa다. 세도나 업타운에서 출발하면 차로 십 분 만에 도착할 수 있고, 차에서 내리자마자 볼텍스 지역으로 들어간다. 오랜 시간 하이킹이나 등산을 하기 힘든 사람에게 제격이다. 봉우리를 깎아놓은 듯이 평평한 이곳에는 실제로 활주로가 있는 비행장이 있어서 소형 비행기와 헬리콥터가 이착륙을 한다.

시내 중심에 우뚝 서 있기 때문에 세도나가 한눈에 들어온다. 사람들이 많이 찾는 두 개의 전망대가 있는데 하나는 메사 정상까지 드라이브를 해서 가면 바로 오른쪽에 있는 전망대다. 다른 하나는 메사 정상까지 가지 않고 약 3분의 2정도 올라간 지점에서 왼쪽에 있는 미니 메사다. 이곳이 실제로 강력한 기운이 분출되는 볼텍스 지역이다.

여기에 서면 세도나의 절경이 파노라마처럼 펼쳐진다. 남서쪽의 벨락Bell Rock과 코트하우스 뷰트Courthouse Butte를 시작으로 동쪽의 리 마운틴Lee Mountain과 먼즈 마운틴Munds Mountain, 북쪽의 스팀보트Steamboat, 커피 포트Coffee Pot, 캐피틀 뷰트Capitol Butte, 침니 락Chimney Rock, 서쪽의 콕스코움Cockscomb과 멀리 보이는 밍구스 마운틴Mingus Mountain까지 한자리에 서서 몸을 돌리기만

하면 모두 볼 수 있다. 대도시에 가면 도시 중심에 있는 타워에 올라 시내를 둘러보듯이, 이곳은 짧은 시간 안에 세도나의 구조를 파악할 수 있는 세도나 시의 자연 전망대와 같다. 다만 대성당바위 쪽은 메사의 봉우리에 가려서 보이지 않는데, 시간을 갖고 세도나의 360도를 모두 구경하고 싶으면 미니 메사에서 출발해서 시계방향으로 난 에어포트 메사 루프 트레일을 걸으면 좋다.

에어포트 메사의 가장 붐비는 시간은 해질 무렵이다. 저녁때가 되면 카메라를 든 관광객들이 일몰을 보기 위해 몰려온다. 이곳에서 일몰을 바라보면 "숨이 멎을 것같이 아름답다"라는 말이 어떤 건지 경험할 수 있다. 서쪽 지평선 위에 나지막이 구름이라도 걸쳐 있는 날이면 태양이 구름 사이로 눈부신 흰색과 황금색 빛살을 위아래로 쏘아댄다.

해가 넘어가는 쪽에 위치한 밍구스 마운틴의 구불구불한 능선과 콕스코움의 뾰족뾰족한 검은 실루엣 위로 황금빛 햇살이 퍼지면 마치 수묵화 위에 황금빛 물감으로 마지막 장식을 하는 것 같다. 같은 시각 동쪽의 바위들은 태양빛을 받아 황금색으로 변하다가 더욱 선명한 붉은색으로 물든다. 온 도시가 빛의 마술에 휩싸이는 것 같다.

태양이 지평선으로 넘어가면 한동안 황금빛을 분출하던 구름의 하단이 점점 오렌지색, 주홍색, 빨간색, 진한 빨간색으로 바뀌다가 종내는 잿빛과 검은색으로 잦아든다. 그리고 세도나에 밤이 찾아온다. 에어포트 메사에서 또 하나 빼놓을 수 없는 것은 밤에 별구경을 하는 것이다. 낮 동안 뜨뜻하게 데워진 바위에 등을 대고 누워 밤하늘을 보면 온 우주가 친근하게 다가온다.

벨락

벨락Bell Rock은 세도나의 마스코트처럼 여겨지는 곳이다. 세도나의 4대 볼텍스 중에서도 가장 널리 알려져 있어서 관광객이라면 으레 한 번씩 들르는 장소이기도 하다. 벨락은 어디에서 보아도 아주 안정된 모양을 하고 있고, 반듯한 종을 연상시키는 생김새 자체가 하늘을 향해 상승하는 에너지와 힘을 떠올리게 한다.

세도나 시내를 지나 벨락으로 가는 길은 멋진 드라이브 코스이기도 하다. 낮은 향나무 관목과 선인장 숲 사이로 난 도로를 굽이굽이 달리다 보면 툭 트인 하늘 아래 웅장하게 솟은 붉은 바위들이 저만치서 마주 달려온다. 세도나 시내를 관통하는 89A에서 179번 도로를 타고 십오 분 정도 달리다 보면 왼쪽으로 종처럼 생긴 바위가 우뚝 솟아 있기 때문에 누구나 쉽게 찾을 수 있다.

벨락이 인기가 많은 이유는 이곳에서는 누구나 볼텍스 에너지를 쉽게 느낄 수 있기 때문이다. 강렬한 기운이 소용돌이치듯

온몸을 감싸는 듯한 체험을 했다는 사람도 있고, 미래의 일을 예시하는 듯한 영상을 보았다는 이들도 더러 있다.

이 붉은 종바위에 얽힌 전설이 있다. 한 인디언 성자가 벨락 정상에서 기도하던 중 세상 사람들이 고통받는 모습을 보고는 죽기 전에 다음과 같은 유언을 남겼다고 한다.

"내 뼈로 이 바위를 지탱하게 하고, 내 피로 이 바위를 붉게 물들여 영원히 이곳에 깃들리라. 이곳에서 기도하는 자만이라도 질병과 고통, 삶의 괴로움에서 벗어나게 하리라."

이 전설 덕인지 벨락은 강력한 치유 에너지를 뿜어내는 바위로도 널리 알려져 있다. 좌골신경통으로 몇 년째 치료를 받고 있던 사십 대의 한국 화가가 세도나 명상여행에 다녀간 적이 있다. 그는 평지를 걸을 때도 통증을 느끼곤 했다. 벨락에 오르기 전에도 통증이 느껴져 바위를 올려다보며 '내가 저 바위에 올라갔다 내려오면 내일 아침에는 못 일어나겠구나!' 하고 생각했단다. 그런데 막상 벨락을 오르기 시작하자 마치 누군가가 앞에서 끌어주고 뒤에서 밀어주기라도 하는 것처럼 쉽게 오르내릴 수 있었다고 놀라워했다. 다음날 아침에도 평소보다 상쾌하게 일어날 수 있었다며 신기해 했다.

벨락에서는 이처럼 다양한 기 체험을 할 수 있지만 그것 자체가 중요한 것은 아니다. 내가 기를 느끼는 수련을 중요하게 여기는 까닭은 기가 우리의 몸과 마음을 연결해주는 다리이기 때문이다. 기를 통해 자기 자신을 더 깊이 느낄 수 있기 때문이다.

기운 속에 깊이 몰입하면 마음이 고요하고 평온해진다. 무어라 표현하기 힘든 편안하고 안정된 어떤 느낌이 있다. 그 속에서는 무언가를 잃어버릴까봐 두려워하는 마음도 없고, 다른 사람을 지배하지 못해 안달하거나, 인정받고자 하는 욕구도 없다. 한없이 밝고 평화롭고 무엇이든지 가능할 것 같은 내가 있을 뿐이다. 귀하고 거룩하고 아름다운 존재. 이것이 기를 통해 흘깃 본 우리의 본 모습이다. 그러나 관념 속에 갇힌 우리의 뇌에게는 이 존재가 낯설다. 그래서 그 존재가 '나'라고 생각하지 못하고 자꾸 의심한다. 바로 그때 우리의 뇌에게 알려주어야 한다. 그 모습이야말로 그동안 잊고 살았던 진정한 '나'라고 자꾸 확인시켜주어야 한다.

기운 속에 있을 때 우리는 자신이 시간과 공간에 속박된 존재가 아니라 무한하고 영원한 존재라는 것을 느낀다. 그 영원성으로부터 무한한 평화가 흘러나온다. 때때로 우리를 찾아오는 공포와 불안, 초조, 두려움, 좌절이 있지만, 그것이 우리의 전부가 아니라는 것을 알게 된다. 기운 속에서 느껴지는 그 평화를 붙잡아야 한다. 시작도 끝도 없이 무한으로 뻗어나가는 듯한 나의 존재감이 환상이 아니라는 것을 알아야 한다. 그 순간의 느낌을 귀하게 여기고, 키우고 키워 우리의 삶 전체에 넘쳐흐르게 해야 한다. 그럴 때 삶에서 찾아오는 여러 가지 감정이나 삶의 기복에 지배당하지 않고, 그것을 조절할 수 있는 힘이 생긴다. "기쁨이여, 슬픔이여, 삶의 모든 것이여, 다 내게로 오라!" 하고 삶의 모든 순간을 자신 있게 끌어안을 수 있다.

벨락에서 마음껏 기 수련에 몰두해보는 것도 좋다. 그러나 기적인 감각 자체에만 빠지지 말고, 그 감각이 열어주는 고요와 평화 속에서 자신을 깊이 들여다보는 시간을 갖기 바란다. 그러고는 벨락의 중턱에 앉아 숨을 골라보라. 그때의 숨은 지금까지 쉬었던 그 어떤 숨보다 깊고 편안할 것이다.

나는 벨락을 오를 때는 바위나 산에 오른다고 생각하지 않는다. 벨락을 에너지와 영혼이 깃든 사람과 같다고 생각하며, 내가 발을 딛고 있는 곳이 인체의 어디쯤인지 의식하며 걷는다. 인체에 에너지가 흐르는 길이 있듯이 벨락에도 에너지가 도는 길이 있다. 또한 인체에 에너지가 들고 나는 혈자리가 있듯이 벨락도 중요한 에너지 포인트들을 갖고 있다. 벨락에 있는 여러 장소는 각각 독특하고 특정한 에너지를 뿜어낸다.

벨락 입구의 너른 바위마당을 아랫배로, 정상을 머리끝 정수리로 생각하고 에너지의 길과 포인트들을 느끼며 올라가면 벨락과의 깊은 에너지 교류가 일어난다. 벨락 입구에서 얼마 가지 않아 넓고 평평한 장소가 나오는데, 이곳이 벨락의 단전(아랫배 정중앙에 있는 에너지 센터, 2번 차크라) 자리다. 전통적인 심신수련법에서는 단전에 에너지를 충만하게 하는 것이 건강과 행복의 비밀이라고 본다. 마치 인체의 단전자리처럼 넓고 평평한 벨락의 단전은 매우 견고하고 안정적인 느낌을 준다.

벨락의 정상으로 올라가는 길은 여러 가지 방법이 있다. 내가 경험해본 가장 좋은 길은 주차장에서 봤을 때 벨락의 오른쪽을 타고 올라가는 길이다. 나는 이 길을 벨락의 '임맥任脈'이라고 부른다. 임맥은 한의학에서 인체의 정면 중앙선을 따라 흐르는 에너지의 길을 가리키는 이름이다. 종 모양으로 생긴 볼록한 형태의 바위산에 이렇게 음각처럼 파인 길이 정상까지 이어져 있다는 것이 참으로 신비롭다. 이 임맥을 따라 올라가다 보면 가파른 경사지만 어떤 에너지로 보호받는 느낌, 어머니의 품속에서 어머니와 하나가 된 듯한 느낌이 들곤 한다. 이 길을 따라 오르다 보면 벨락의 가슴에 해당하는 자리, 임맥이 끝나고 벨락의 등 뒤를 타고 흐르는 '독맥督脈'이 시작되는 자리 등을 만나게 된다.

이 길을 따라 벨락 정상을 올라갔다 내려오는 데는 약 한 시간에서 한 시간 삼십 분이 걸린다. 정상에 오르는 길은 아주 험하지는 않으나 중간에 가파른 절벽을 기다시피 해서 올라가야 하는 몇 군데의 난코스가 있기 때문에, 경험이 많은 가이드 없이 혼자 올라가는 것은 위험할 수 있으므로 주의해야 한다. 정상에 올라서면 사방이 툭 트여 세도나 일대의 유명한 바위들이 한눈에 들어오는데, 그야말로 장관이다.

벨락과 교류하기 위해서는 우리가 먼저 마음을 열고 순수해져야 한다. 벨락을 느끼고 벨락과 하나가 되고 싶다는 아이와 같은 순수한 열망이 우리의 가슴을 가득 채워야 한다. 그 마음이 있을 때 벨락의 에너지와 공명하게 되고, 그때 벨락이 보이지 않는 에너지의 문, 영적인 문을 우리에게 열어준다. 그때 우리의 벨락 체험은 완전히 차원을 달리한다. 아무리 벨락을 여러 번 올라도 마음이 통하는 교류가 없으면 경치가 좋다, 기분이 상쾌하다, 운동이 된다 정도에서 그치고 만다.

세도나 정착 초기에 백여 차례 벨락을 오르내리다 보니, 어느 순간 마치 말을 안 해도 사랑하는 이의 마음이 느껴지듯이 벨락의 마음이 느껴졌다. 벨락은 나의 마음을 알고, 나는 벨락의 마음을 아는 그런 느낌이었다. 모든 생명은 하나다. 그렇기 때문에 생명은 서로 통한다. 벨락과 통하면 벨락에 에너지를 보낼 수도 있고, 벨락으로부터 에너지를 받을 수도 있다. 벨락과 영적으로 교류할 수 있게 된다.

벨락에 오를 때는 마치 늙은 어머니의 몸을 밟고 걷는다고 생각해보라. 붉은 흙은 어머니의 살이요, 높이 솟은 바위는 어머니의 뼈다. 선인장과 향나무는 어머니의 숨결이다. 그런 마음으로 올라가면 우리의 발걸음이 절대 거칠어질 수 없다. 감사하는 마음이 깊어지고, 무게가 사라진 듯 발걸음은 훨씬 가볍고 정성스러워진다.

벨락 정상까지 올라가는 사람은 아주 드물다. 벨락 바위 중턱을 한 바퀴 빙 돌며 산책하거나, 마음에 드는 바위에 앉아서 조용히 생각에 잠기거나, 아니면 넓은 바위에 대자로 누워 한잠 자도 좋다. 여름에는 바위 찜질을 권할 만하다. 사막의 태양 볕에 뜨겁게 달궈진 바위 위에 몸을 뉘고, 수건으로 얼굴과 팔을 덮은 뒤 삼십여 분 누워 있는 것이다. 등의 땀은 뜨거운 바위 속으로 스며들어가버리고, 가슴 쪽의 땀은 햇볕에 마르고 바람에 날아가 삼십 분 후에는 온몸이 솜처럼 가뿐해진다.

해질 무렵에 가면 벨락 중턱에 앉아 서쪽 하늘을 물들이는 노을과 석양빛에 반사되어 황금빛으로 빛나는 바위들을 볼 수 있어서 좋다. 명상하기에 더없이 좋은 시간이다.

대성당 바위

대성당 바위Cathedral Rock는 세도나의 4대 볼텍스 중에서 유일하게 물이 흐르는 계곡 옆에 있다. 오크 크리크Oak Creek의 맑고 깨끗한 물과 참나무와 커튼우드로 우거진 숲은 우뚝 솟은 이 붉은 바위의 위용을 더욱더 돋보이게 한다. 이곳은 세도나를 찾는 사진작가들이 가장 선호하는 장소이기도 하다. 맑은 오크 크리크에 비치는 대성당 바위의 붉은 그림자와 파란 하늘은 카메라에 담을 수 있는 가장 아름다운 세도나 풍광 중 하나다. 웅장하게 솟은 붉은 바위가 만들어내는 색의 대비 때문인지 세도나에

서도 유난히 하늘이 파랗게 보이는 곳이다.

대성당 바위는 어느 위치에서 보느냐에 따라 참으로 다양한 얼굴을 가졌다. 똑같은 위치라도 아침 무렵에 보느냐, 해질 무렵에 보느냐, 아니면 한밤중에 달과 함께 보느냐에 따라 느낌이 아주 다른 신비한 곳이다.

아메리카 인디언들은 대성당 바위를 '타하나기비 태양신'이라고 불렀다. 일출과 일몰 무렵 유난히 아름답게 빛나는 이 바위에 잘 어울리는 이름이다. 멀리서 대성당 바위를 바라보면 일출과 일몰 무렵 모두 두 개의 큰 봉우리 사이에 있는 작은 봉우리 근처에 해가 걸린다. 이 작은 봉우리에 오르면 동쪽과 서쪽의 시야가 툭 트여 동틀 때와 해질 때 모두 아름다운 하늘을 볼 수 있다. 특히 일출 무렵 사막의 지평선에서 해가 떠올라 바위를 비추기 시작하면 대성당 바위 전체가 선홍색으로 찬란하게 빛난다. 믿을 수 없을 만큼 아름다운 색깔이다. 대성당 바위에서 일출을 보려면 넉넉잡고 해 뜨기 한 시간 전에 산을 오르기 시작하는 것이 좋다. 석양 무렵에는 대성당 바위 중턱에 앉아 바위 뒤로 지는 태양이나 저 아래 참나무숲 계곡의 잔잔한 수면 위에 부서지는 저녁 햇살을 바라본다. 평온하고 아늑하기 그지없다.

석양 무렵에 사진작가들이 몰려오는 곳이 있다. 크레센트 문 랜치Crescent Moon Ranch 주차장에 주차를 하고 오른쪽 계곡으로 가면 여기저기 카메라를 삼각대에 받치고 해가 지기를 기다리는 사람들을 볼 수 있다. 석양빛을 받아 더욱 붉게 물드는 대성당 바위가 계곡의 수면에 반사되는 모습을 담을 수 있는 최적의 장소다. 황홀할 정도로 아름다운 광경을 담기 위해 연신 카메라 셔터를 눌러대다 보면 마치 사진작가라도 된 것 같은 기분이 든다. 그 장소와 그 타이밍에서는 누가 어떻게 사진을 찍어도 감탄사가 저절로 나올 만큼 완벽한 아름다움이 조화를 이루기 때문이다.

나는 주로 대성당 바위 서쪽, 오크 크리크의 물가에 앉아 물소리를 들으면서 명상하기를 즐긴다. 찰랑찰랑 물 흐르는 소리가 있어 귀가 심심하지 않다. 이곳에서 수련을 하고 바위를 돌아 동쪽의 숲길을 따라 대성당 바위에 오르곤 한다. 산책로를 따라가면서 올려다보는 대성당 바위는 멀리서 볼 때보다 훨씬 웅장하고 아름답다.

지혜로운 인디언 노인들은 가족의 일원이 고향을 떠나 먼 곳으로 갈 때는 꼭 이렇게 당부했다고 한다. "너의 영혼과 멀어지는 느낌이 들 때면 고향으로 돌아와서 성스러운 산으로 가야 한다. 햇빛 따뜻한 바위에서 힘을 얻고, 부드럽게 흘러가는 냇물에 세상의 상처와 슬픔을 씻어내고, 다정한 친구처럼 손을 흔드는 나무가 지혜를 빌려줄 때까지 산에 머물러야 한다." 대성당 바위는 인디언들이 말한 고향의 그 성스러운 산 가운데 하나였을 것이다.

이곳의 기운은 매우 온화하다. 메마른 땅에 물이 스며들듯이, 눈이 녹아내리듯이 부드럽게 속 깊이 스며드는 기운이 있다. 에너지가 외부로 향하기보다는 내부로 깊숙이 스며들어 조용히 앉아 있는 것만으로도 마음이 안정되고 편안해진다. 어머니 같은 포근한 기운이 몸과 마음을 어루만져주기 때문에 부정적인 감정이나 기억을 정화하기에 좋은 곳이다.

감정은 마음이라는 스크린 위에 상영되는 한 편의 영화나 다름없다. 자신의 감정이나 생각에 푹 빠져 있는 사람은 그것이 한 편의 영화에 불과하다는 생각을 하지 못한다. 그래서 기쁘고 슬픈 것에 매달려 연연해 할 수밖에 없다. 영화가 끝났다고 해서 스크린이 없어지지 않듯이 숱하게 오고 가는 감정들 속에서도 무언가 변하지 않는 것이 있다. 불안함도 바라보고 있고, 슬픔도 바라보고 있고, 외로움도 바라보고 있는 어떤 존재가 있다. 그것이 바로 참 자아이고 참 마음이다.

우리는 감정의 파도에 떠밀려 허우적거리는 대신, 파도를 타듯 감정을 타고 살아가는 법을 배워야 한다. 파도타기를 잘 하려면 중심을 잡는 것이 중요하듯, 참 자아라는 중심에 굳건하게 뿌리를 내릴 때만 감정에 휩쓸리지 않는다. 변화하는 가운데 변하지 않는 것을 볼 수 있는 눈을 갖기 위해 노력해야 한다. 그 눈을 갖기 위해 우리는 명상을 하는 것이다. 심해深海의 중심에 흔들림 없이 앉아서 바람 따라 출렁이는 파도를 구경하듯, 너무 좋을 때도 그 마음을 경계하고, 싫을 때도 너무 싫음에 빠지지 않으며 '나를 보는 나'를 길러야 한다.

누구에게나 힘들고 고통스러운 때가 있게 마련이다. 그때는 누구나 자신의 꿈을 포기하고 싶은 유혹을 느낀다. 그러나 시련과 고통을 피하려 들면 결국 외부의 환경이나 자기 자신의 한계에 무릎을 꿇게 된다. 어려움을 피하지 않고 당당하게 부딪칠 때 그것을 극복할 수 있는 창조적인 지혜를 발휘할 수 있고, 시련을 통해서 성장할 수 있다.

시련이 오면 기회가 왔다고 생각을 바꾸어보라. 어려움을 겪는 순간은 동시에 마음이 가장 크게 열릴 수 있는 때이기도 하다. 인생의 큰 상처는 동시에 큰 에너지로 전환될 수 있는 가능성이기도 하다. 나는 눈물을 부끄러워하지 말라고 한다. 억울하고 서러워서 본능적으로 흘리는 눈물도 있지만, 나의 영혼이 나를 바라보며 흘리는 눈물도 있다. 그런 눈물을 아는가? "그래, 힘들지?" 하면서 스스로 자기 자신의 어깨를 다독이는 격려의 눈물 말이다. 내가 나에게 "괜찮아"라고 말하면 이 한마디로 우리의 영혼은 힘을 얻는다. 우리의 영혼은 다른 사람이 아닌 자기 자신의 위로에 더 큰 힘을 얻는 법이다.

우리는 우리 안에서 진정한 힘과 휴식을 얻을 수 있다. 바로 우리의 몸이 휴식처이고 에너지 발전소다. 힘들고 혼란스러울 때 자신의 몸 안으로 들어가라. 우리에게 완벽한 휴식을 제공할 수 있는 곳은 우리의 몸 안이다. 몸을 끌고 아무리 멀리 간들 자기 밖에서는 진정한 휴식을 찾을 수 없다. 몸을 편안하게 앉히거나 눕히고 숨을 고르면서 마음이 그 몸을 바라보게 하라. 그리고 스스로에게 "괜찮아"라고 말해주라. 그때 우리의 영혼은 편안해지고, 몸도 따라서 편안함과 새로운 힘을 얻는다.

대성당 바위 앞에 앉아 있으면 우리가 먼저 말을 꺼내기도 전에 이 붉은 산이 "괜찮아, 괜찮아" 하며 위로를 한다. 그 따뜻한 산의 위로에 힘을 얻지 않을 사람이 없다.

쉬네블리 힐과 한마당 바위

세도나의 일몰 무렵은 하루 중 가장 명상적인 시간이다. 온 세상을 표백할 듯 작열하던 사막의 태양이 부드럽게 하늘과 대지를 물들이는 시간에 세도나에 있으면 왜 인디언들이 이곳을 '빛의 도시'라고 불렀는지 저절로 고개가 끄덕여진다.

세도나에서 노을이 가장 아름답게 보이는 장소는 에어포트 메사이다. 불도저로 밀어낸 듯한 높고 평평한 지대여서 서쪽 하늘의 노을이 한눈에 들어온다. 노을이 아름다운 여름 저녁에는 바람 쐬러 나온 시민들과 쉴 새 없이 카메라 셔터를 눌러대는 관광객들로 발 디딜 틈이 없다. 이곳에서 보는 세도나의 야경과 달도 빼놓을 수 없는 멋진 풍광 중 하나다.

그러나 내가 본 가장 아름다운 노을은 쉬네블리 힐Schnebly Hill
에서였다. 쉬네블리 힐을 자동차로 이십 분쯤 올라가다가 차를
세워두고 왼쪽으로 들어가면 내가 자주 올라가는 붉은 바위가
있다. 우뚝 솟은 붉은 바위산들이 성처럼 좌우를 감싸고 앞은
툭 트여서 멀리 세도나 시내가 한눈에 내려다보이는 곳이다. 해
가 막 떨어질 무렵, 역광을 받아 검은 윤곽만 드러내는 오른쪽의
두 바위 사이에 해가 딱 걸리는 순간이 있다. 그날의 마지막 햇
살이 바위 사이로 찬란하게 빛나며 내가 서 있는 곳까지 일직선
으로 달려온다. 약 오 분 정도 계속되는 그 노을을 보기 위해 여
름 저녁때마다 쉬네블리 힐을 찾곤 했다.

쉬네블리 힐은 세도나에 고속도로가 생기기 전, 세도나 인근의 농부들과 목장주들이 추수한 곡식과 소들을 플래그스탭으로 실어 나르는 길이었다고 한다. 그들은 말을 타고 울퉁불퉁한 이 고갯길을 넘었을 것이다. 일반 승용차가 달리기에는 험한 길이다. 지금은 주로 관광용 지프나 산악자전거 마니아들이 이 길을 오른다. 저녁 무렵이면 길 전체가 석양을 받아 시시각각으로 색깔을 바꾸며 빛나는 아름다운 길이다.

내가 자주 가는 그 바위 아래에 운동장보다 너른 바위 두 개가 나란히 있다. 몇 천 명은 족히 앉을 수 있을 것 같은 그 바위들은 모양이 꼭 소똥 같아서 '카우 파이즈Cow Pies'라고 불린다. 물론 생긴 모습을 보고 그렇게 불렀겠지만, 내가 느낀 그 공간의 느낌은 훨씬 신령스러워서 나는 이 바위에 '한마당 바위'라는 이름을 붙였다. 여기서 '한'은 '크고 넓다'는 뜻도 있지만, '모든 생명의 근원이 되는 하나 또는 타오'라는 뜻을 가지고 있다.

내가 이 바위에 서서 주변의 붉은 바위들과 하늘을 올려다보고 있을 때, 인디언들이 모여 하늘에 의식을 올리는 영상이 스치고 지나갔다. 나는 이곳이 인디언 부족들이 하늘에 제사를 지내던 신성한 장소라는 것을 알게 되었다. 이 바위에 다른 사람들과 함께 오기 전에 나는 이 한마당 바위의 정령에게 정중히 물어보았다. "여기에 나의 제자들과 같이 명상을 하러 와도 되겠습니까? 당신이 허락하시겠습니까?" 그때 나는 기꺼이 환영한다는 메시지를 받고 너무나 기뻤다.

나는 오후 늦게 쉬네블리 힐에 올라서 노을을 보고 어둠 속에 하나 둘씩 불빛이 켜지는 세도나 시내를 바라보며 명상을 한 다음 한마당 바위로 내려와서 하늘에 감사의 기도를 올리는 의식을 치르곤 했다.

이곳에서 나와 함께 명상여행을 하던 이들 가운데는 수련 중에 인디언이었던 자기의 전생을 생생하게 떠올리는 사람이 많았다. 한번은 꽤 큰 사업을 하는 부부가 명상여행에 참여했는데 언뜻 보기에도 인디언을 닮은 부인은 한마당 바위에서 이런 체험을 했다고 한다.

"세도나에 오기 전에도 명상을 할 때면 얼핏 인디언 전사의 모습을 보았다. 귀하게 보이는 젊은 청년이 어떤 바위에서 산야를 내려다보고 있었는데 그 모습이 너무 허무하고 무기력해 보였다. 그리고 잠시 후에 그는 바위 아래로 떨어져 너무나 편안한 얼굴로 누워 있었다. 왜 나에게 이런 게 보일까? 궁금해 하면서 그 후로도 여러 번 그 영상에 대해 생각하곤 했다. 실제로 내 얼굴이 인디언과 흡사하다는 말을 주변에서 많이 들었고, 평소에 인디언에 대한 영화나 인형, 소품들을 무척 좋아하기도 했다.

그런데 세도나에서 한마당 바위에 올라갔을 때 갑자기 '아, 여기구나!' 하는 느낌과 함께 눈물이 왈칵 쏟아졌다. 전에 내가 본 바위가 바로 한마당 바위였고 그 아래 들판이 내가 떨어져 죽은 곳이라는 느낌이 너무나 생생하게 느껴졌다. 내가 속한 부족은 자연과 조화를 이루며 평화롭게 살았지만 너무 힘이 없었기 때문에 전쟁에 패했고 나는 죽음을 맞이했다. 나는 그때 내가 왜 사업을 성공시키기 위해 그렇게 악착같이 몰두해왔는지 이해할 수 있었다. 나는 힘을 원했다. 사업에 성공함으로써 물질적인 힘을 얻고 싶었던 것이다. 나는 이 체험으로 내 마음 속의 깊은 동기를 이해하게 되었다. 나는 남편과 함께 사업을 계속 번창시키고, 내가 얻은 물질적 성공을 많은 사람들의 의식 성장을 돕는 일에 쓰겠다고 결심하게 되었다.”

세도나의 여름밤은 길다. 한마당 바위에 누워서 하늘을 보면 하늘의 별들이 가슴으로 쏟아져 들어온다. 가슴 속에 밤하늘의 맥박과 함께 뛰는 꿈이 있다면 그 영혼은 행복하다. 세도나의 별 아래가 아니라도 지구별 어느 곳에서든 가슴 뛰는 꿈을 가진 영혼은 아름답다.

세도나의 계곡들이 들려준 이야기

The Stories that Sedona's Canyons Told Me

오크 크리크 캐년

사막의 나무들은 잎이 적고, 선인장들은 사시사철 변화 없이 푸르기만 해서 사막에서는 가을을 느끼기가 쉽지 않다. 그러나 세도나의 가을은 다르다. 오크 크리크 캐년Oak Creek Canyon이 있기 때문이다. 이곳은 코코니노 국립공원 안 플래그스탭과 세도나 사이에 있으며, 강을 낀 13마일(약 21킬로미터)의 협곡 지대다.

　9월말과 10월에 세도나 업타운을 지나 플래그스탭으로 올라가는 89A 도로를 달리다 보면 아름답게 물든 오크 크리크 단풍의 정취에 마음껏 취할 수 있다. 더욱이 붉은색 기암절벽과 녹색의 소나무, 향나무를 배경으로 더욱 두드러지는 노란색, 붉은색 단풍을 보면 탄성이 절로 나온다. 사막지대의 강렬한 햇빛이 참

나무로 가득 들어찬 코코니노 국립공원의 청량한 공기를 통과해 비출 때면 나뭇잎은 황금색 보석처럼 반짝거린다. 최고의 드라이브 코스가 따로 없다.

오크 크리크 캐넌으로 들어서면 가장 먼저 싱그러운 숲 내음이 사람을 반긴다. 방금 전까지 사막지대에 있었다는 것이 믿기지 않을 정도로 물이 풍부한 계곡이 흐르고 낙엽수들이 산책로 주위에 늘어서 있다. 잎이 무성한 여름 아침이면 초록색 나뭇잎 사이로 비쳐드는 햇살이 평화롭기 그지없다. 가을에는 검은 현무암과 맑은 수면 위에 떨어진 황금색, 붉은색 잎들이 아름다운 색의 조화를 빚어낸다. 계곡을 따라 걷다가 고개를 들면 빨려 들어갈 것 같은 푸른 하늘이 펼쳐지고, 고개를 좌우로 돌리면 붉은 바위 절벽들이 기립해 있다.

세도나에서 북쪽으로 7마일(11킬로미터)쯤 달리다 보면 낙엽수 지대가 끝나고 소나무 지대가 시작되기 전에 왼쪽으로 슬라이드 락Slide Rock 공원이 있다. 물이 흐르는 계곡 안에 마치 미끄럼틀처럼 타고 내려갈 수 있는, 9미터가 넘는 긴 바위가 있어서 붙여진 이름이다. 깊은 참나무 숲에서 흘러나와 얼음처럼 맑고 시원한 물이 흐르는 이 계곡은 여름이면 사막지대의 뜨거운 태양 아래에 있는 사람들에게 최고의 피서지다. 이 일대는 원래 관수를 해서 사과농사를 짓던 농장이었는데 1987년에 주립 공원이 되었다. 지금도 가을이면 싱그러운 사과 향기가 은은하게 퍼진다.

여름에 오크 크리크 캐년에서 할 수 있는 최고의 명상은 이곳 슬라이드 파크 락에서 물놀이를 하면서 어린아이처럼 마음껏 노는 것이다. 계곡에서 물장구도 치고, 물 미끄럼틀도 타고, 다이빙도 하고 한참 신나게 놀다 보면 마음의 때가 다 벗겨지는 듯하다. 몰입해서 노는 것도 좋은 명상이다. 참 쉬운 명상인 것 같으나, 점잔을 빼느라 잘 놀지 못하는 사람이 의외로 많다. 자연 속에서 어린아이처럼 뛰어 노는 이런 시간을 갖고 나면 얼굴이 다들 함박꽃처럼 밝아진다.

오크 크리크 캐년에서 마음에 드는 바위나 나무 밑에 앉아 물소리를 듣는 것도 좋은 명상이 된다. 물소리를 듣는 사이에 저절로 마음이 편안해지고 차분해진다. 나는 시끌벅적하게 소리 내면서 흐르는 물줄기를 사랑한다. 항상 희망을 갖고 도전하는 삶의 모습을 보는 것 같기 때문이다. 변화가 없던 물이 돌을 만나 부딪치면 아름다운 소리를 만들어낸다. 인생도 마찬가지다. 살다 보면 누구나 다 장애를 만나게 되지만, 우리는 장애가 있기 때문에 발전하고 성장할 수 있다.

살면서 장애물이 없기를 바라서는 안 된다. 사람들이 만날 때 서로 다른 기운들이 부딪힌다. 에너지가 없는 곳에 부딪힘이 없으며, 부딪힘이 없는 곳에 창조 또한 없다. 부딪힘은 창조의 근원이다. 갈등과 대립, 상반된 에너지가 만날 때의 긴장감을 힘 있게 포용할 줄 알아야 한다.

평화로운 삶은 갈등과 대립이 전혀 없는 삶을 의미하는 것이 아니다. 그저 조용히 혼자 있는 것이 평화로운 삶이 아니다. 그런 삶은 평화를 가장한 죽은 삶일 경우가 많다. 부딪힘을 피하는 삶은 변화가 없다. 굽이치는 물줄기처럼 소리를 내면서, 그러나 소음이 아니라 아름다운 소리를 내면서 살아가야 한다. 우리도 이처럼 수많은 만남과 부딪힘을 통해서 우리 인생에 아름다운 소리를 낼 수 있다.

우리의 인생에서 길을 가다가 부딪혀 넘어지는 것은 결코 부끄러운 일이 아니다. 넘어지고 나서 다시 일어나지 못하는 것이 부끄러울 뿐이다. 누구나 넘어지기 마련이지만 넘어져도 벌떡 일어나서 뛰어가는 사람이 있고, 계속 주저앉아서 울기만 하는 사람이 있다. 흐르는 저 물은 장애물을 만나도 언제나 다시 제 갈길을 간다. 바위를 만나면 한번 부서졌다가도 다시 돌고 돌아서 흘러간다. 길이 없으면 때로는 없는 길을 만들면서 나아간다.

천상의 계곡, 페이 캐넌

처음 가본 장소나 나무, 바위 등에 그곳에서 느껴지는 기운에 따라 이름을 붙이는 것은 나의 오래된 버릇이자 취미 중 하나다. 그러면 모든 사물이 훨씬 친근하게 느껴진다. 덕분에 우리 집에는 작은 장식용 돌까지도 별명이 있다.

페이 캐년Fay Canyon을 처음 다녀온 날, 이곳에 '천상의 계곡'이라는 이름을 붙였다. 그만큼 신령스럽고 아름다운 곳이다. 붉은 모래가 깔린 넓고 평평한 길을 따라 좌우가 붉은 바위벽으로 둘러싸인 숲길을 쉬엄쉬엄 올라간다. 뒷마당 산책이라도 나온 것처럼 편안한 길인데, 계곡 안으로 들어가면 굉장히 높이 올라가야만 볼 수 있을 성 싶은 경치가 펼쳐진다.

페이 캐년 입구에서 이십여 분쯤 걸어가면 오른쪽에 자연 돌다리가 있다. 입구의 안내판에 소개되어 있기는 하지만 대개는 이곳을 못 보고 그냥 지나친다. 주 산책로에서 오른쪽 샛길로 빠져 군데군데 이정표 역할을 하는 작은 돌무더기를 따라 십 분쯤 올라가면 다리에 닿는다. 나도 페이 캐년을 두 번째 방문할 때까지만 해도 다리가 있다는 것을 몰랐다. 세 번째 방문 때 그쪽에서 강한 기운이 느껴져서 가까이 가보았더니 아치형의 다리가 있었다.

다리와 바위 절벽 사이에 생긴 1미터 가량의 틈새로 티끌 하나 없는 푸른 하늘이 올려다 보인다. 오른쪽으로 난 좁은 길을 조심스럽게 따라 가면 다리 위까지 올라갈 수도 있다. 여남은 명이 앉아서 수련해도 될 만큼의 폭이다. 다리 왼쪽으로 튀어나온 바위는 꼭 인디언 추장의 옆얼굴처럼 보인다. 일부러 조각이라도 해놓은 듯 선명해서 놀랍다.

　이 다리 위에 자주 올라가 명상을 했다. 좌우와 뒤쪽으로는 바위들이 둘러싸고 앞은 툭 트여 있는 데다 유달리 공기가 맑고 시원하다. 새소리 없는 세도나는 상상하기 어렵지만, 계곡을 휘돌아 나오는 바람에 실린 이곳의 새소리는 다른 어느 곳에서보다 맑고 깊게 들린다. 그곳에서는 내가 이름을 붙인 '천상의 열차'라는 바위가 한눈에 들어온다. 마치 하늘에서 온 커다란 열차가 요란한 경적 소리와 함께 연기를 내뿜으며 그곳으로 달려오는 듯한 모양이다.

　이곳 페이 캐넌의 자연 아치 위에서 명상을 하면서 신비한 영적, 기적 체험을 하는 사람들이 많다. 다음은 어느 명상여행 참가자가 들려준 이야기다.

"천상의 계곡, 자연 아치 위에 앉아서 가이드가 안내해주는 대로 눈을 감고 명상을 하고 있었다. 상상 속에서 맞은편의 천상의 열차 바위를 떠올리자 열차가 빠르게 달려오더니 내 앞에 멈췄다. 나는 명상여행을 함께 온 일행들과 함께 그 열차에 올라탔다.

열차는 세도나의 여러 볼텍스를 돌며 많은 사람들을 태운 후 마지막 종착지인 듯한 벨락에 멈췄다. 나는 열차에 탄 사람들과 함께 내려 벨락 위로 쏟아지는 빛 속으로 들어갔다. 그 빛 속에서 눈부신 흰색 날개를 가진 천사가 하늘을 자유롭게 날며 나를 향해 웃고 있었다. 나는 그가 나의 수호천사라는 생각이 들었다. 그 천사를 마주보며 나도 환하게 웃고 있는데 내 안에서 이런 메시지가 들려왔다.

'신성은 당신이 하는 모든 일에서 당신을 인도한다. 신성은 당신 안에 살아 있으며, 당신을 통해 세상에 드러난다.'

당시에 나는 내가 정말 하고 싶은 일과 안정적이고 보수 좋은 직장 사이에서 갈등하고 있었다. 페이 캐넌에서의 체험 이후 나는 모험을 무릅쓰고 새로운 일에 뛰어들었다. 그것은 지금까지 내가 한 선택 중에서 최고의 선택이었다."

자연 돌다리에서 내려와 계곡을 따라 올라가다 보면 오른쪽에 꼭 와인 잔 모양을 한 바위도 보인다. 나는 그 바위에 '천상의 잔'

이라는 이름을 붙였다. 한 시간 정도 더 올라가면 페이 캐년의 끝에 도착한다. 바위들이 삼면을 병풍처럼 둘러싸고 있는데, 석양 무렵이면 햇빛을 반사하며 황금빛으로 빛난다. 1분도 안 되는 아주 짧은 순간에 펼쳐지는 빛의 마술이 놀랍기만 하다.

명상할 만한 산에는 주위에 좋은 나무가 많은 법이다. 이 계곡에도 신령한 기운을 뿜어내는 나무들이 많다. 이런 계곡에서는 내가 나무를 본다는 생각을 벗어나, 나무가 나를 보고 있다고 생각해보라. 그리고 당신 자신이 아닌 나무에 집중해보라. 다른 사람과 대화할 때 자기 생각에만 꽉 차 있으면 상대방의 이야기가 전혀 귀에 들어오지 않는다. 나무와 교류할 때도 마찬가지다. 당신을 비우고 나무를 느껴보라.

나무에게서 어떤 느낌이 들면 바로 순수하게 표현해보라. 그러면 나무도 반응을 한다. 숲을 지나갈 때 마음이 끌리거나 만져보고 싶은 나무가 있을 것이다. 그 느낌을 있는 그대로 표현해본다. 나무 둥치에 손을 대고 나무의 에너지를 느껴볼 수도 있고 나무와 대화를 할 수도 있을 것이다. 잘 생긴 나무를 만나면 "야, 참 잘생겼구나!" 하고 친구처럼 말도 걸어본다. 이렇게 하다 보면 나무와 자기 사이에 어떤 유대감이 생기고, 나무가 메시지를 전해주기도 한다.

오래 전에 명상여행에 참가했던 허선생 생각이 난다. 뇌경색으로 언어 장애와 수족마비 증상이 있었던 그에게는 큰 고민이 하나 있었다. 담배였다. 뇌에 치명적이라는 것을 알면서도 담배를 끊지 못해 너무나 고민스러워했다. 담배를 한 모금만 피워도 금세 말이 잘 안 되고, 한 개비를 다 피우면 걷는 게 부자연스러워지는데도 끊지 못했다.

그는 세도나 명상여행을 오면서 큰 결심을 했다. 이번에는 기어코 담배를 끊으리라고 생각하고 한국을 출발할 때 공항에서 담배와 라이터를 쓰레기통에 던져버렸다. 그런데 결국 참지를 못하고 미국에 도착하자마자 다시 담배를 사서 피웠다. 명상여행 첫째 날 밤에 그가 나를 찾아와서는 부끄러워하며 자신의 고민을 털어놓았다. 나는 그에게 라이터와 담배를 달라고 하고 대신 인디언들이 쓰던 향내 나는 약초를 주었다.

다음날, 여행 참가자 일행 모두는 향나무 앞에서 명상수련을 했다. 나무 앞에 서 있는 그 순간에 자기에게 오는 어떤 느낌이나 떠오르는 생각, 의문, 하고 싶은 이야기를 나무에게 그대로 전달해보는 수련이었다. 그는 자신의 가장 큰 고민인 담배 이야기를 꺼냈다. 어떻게 하면 담배를 끊을 수 있을까 하고 나무에게 물었다. 그랬더니 나무가 이렇게 대답했다고 한다.

"당신은 담배를 끊지 못한 게 아니에요. 안 끊은 거예요."

그는 놀라서 왜 그렇게 생각하느냐고 물어보았다.

"당신이 담배를 끊어야 할 이유가 없기 때문이에요. 당신에게는 꿈이 없어요. 간절히 이루고 싶은 게 없어요. 그것이 있다면 당신은 몸을 소중하게 다룰 거예요. 하지만 그것이 없기 때문에 겉으로는 끊어야지 하면서도 당신의 마음 속 깊은 곳에서는 '그냥 이렇게 살다 죽지 뭐' 하는 마음이 있는 거예요. 당신의 몸이 당신의 마음을 알아버렸어요. 그래서 담배를 끊지 못하는 거예요. 그는 나무의 이야기를 듣고 크게 깨달은 바가 있어서 그 후 정말로 담배를 끊었다.

우리는 세도나의 붉은 바위산이, 인디언의 영혼이, 수백 년 묵은 향나무가, 푸른 하늘을 나는 독수리가 메시지를 전해주었다고 말한다. 하지만 사실은 세도나의 에너지를 통해 우리를 감싸고 있는 여러 가지 방어막이 무너진 상태에서 자기 자신과 만난 것이다. 우리의 내면세계가 세도나의 에너지를 통해서 우리 스스로에게 말을 거는 것이다. 세도나는 대신 중계해주는 매개체에 불과하다.

자신을 제일 잘 아는 것은 자기 자신이다. 우리에게는 자기를 보는 눈이 있다. 우리는 자신이 무엇을 원하는지 알고 있다. 그것을 외면하지 않을 용기가 필요하다. 우리는 자신의 문제에 대해서도 "모른다"고 말하며 스스로를 속일 때가 많다. 안다고 인정할 때는 그 앎을 행동에 옮겨야 하니까, 그것이 두려워 스스로에게 안다는 신호를 잘 보내지 않는다.

많은 사람들이 모른다는 것 속에 자기를 숨긴 채 모험을 두려워하며 적당히 살아간다. 다른 사람들이 걸어가는 안전한 길, 무난한 삶을 흉내 낸다. 그것을 행복이라 착각하고 그 속에서 안정을 찾는다. 그러나 우리가 구축한 방어막들이 사라지는 순간, 모든 진실이 모습을 드러내고 우리에게 말을 건다. 내면의 목소리를 듣고 그 목소리를 따를 때 우리는 자신의 길을 갈 수 있다.

보인튼 캐년

보인튼 캐년Boynton Canyon은 세도나에 있는 네 곳의 볼텍스 중 가장 신비하고 신령스러운 곳이다. 세도나에 살았던 야바파이 인디언들은 단식이나 깊은 명상을 통한 자기 정화 의식 없이는 함부로 이곳을 찾지 않았다고 한다. 그들은 이곳에 땅의 여신이 살고 있다고 믿었다.

보인튼 캐년에 갈 때 나는 항상 입구에 서서 기도를 올린다. 산 앞에서 기도를 하고 절을 하면 원시적이라거나 우상숭배라고 생각할 이도 있을 것이다. 하지만 친한 친구 집을 방문할 때도 미리 알리고 가는 것이 예의다. 한가족이라도 다른 사람의 방에 들어갈 때는 노크를 해야 한다. 그것이 다른 사람을 배려하는 기본 예의다. 작은 산이라 할지라도 수많은 생명들을 품고 있다. 그러니 내가 들어가도 되겠느냐고 묻는 것은 당연하다. "내가 오늘 당신의 집을 방문하여 신세를 좀 지려 합니다. 나를 받아주십시오." 이렇게 인사하고 정중하게 허락을 청하는 것이 도리다.

보인튼 캐년은 끝까지 걸어갔다 나오는 데만 꼬박 반나절이 걸리는 긴 계곡이다. 계곡 입구에 있는 인챈트먼트 호텔 맞은편에 바위 벼랑들을 끼고 난 산책로를 따라간다. 용설란, 유카, 향나무 등의 키 작은 관목들이 길을 따라 늘어서 있고, 군데군데 색색의 야생화 군락이 찾는 이를 반긴다.

삼십 분 정도 지나면 관목 숲과 나무들의 키가 점차 높아지다가 나중에는 양 옆의 바위 절벽들을 다 가릴 만큼 높이 자란 숲에 닿게 된다. 어른의 한 아름에도 다 안기지 않을 만큼 굵고, 나무에서 몇 걸음 떨어져서 올려다봐야만 끝이 보이는 키 큰 소나무와 참나무 숲이다. 한여름에도 한기가 들 만큼 서늘하고, 상쾌한 숲 향기에 머릿속까지 맑아진다.

바위 절벽들을 가렸다 드러냈다 하는 울창한 숲속, 완만한 오르막길을 쉬엄쉬엄 한 시간 정도 오르면 야트막한 V자를 그리는 보인튼 캐년 끝의 막다른 바위 절벽에 도착한다. 이때 오른쪽으로 난 길을 따라 바위를 올라가면 계곡 전체를 한눈에 조망할 수 있다. 창공을 나는 독수리의 눈으로 내려다보듯이 계곡을 가로지르는 너른 땅이 까마득히 멀리 펼쳐진다.

이곳은 많은 사람들이 한꺼번에 올 장소가 아니다. 적은 인원으로 와서 깊은 수련을 하기에 좋은 곳이다. 우리는 보인튼 캐년의 바위 위에 앉아서 산과 대화하는 수련을 하곤 했다. 나무와 대화를 하듯이 자기의 마음에 끌리는 산꼭대기를 하나 정해서 산과 에너지를 주고받고, 마음을 주고받는 것이다.

사람들이 저마다 독특한 얼굴과 목소리와 성격을 가지고 있듯이 바위 또한 그렇다. 얼핏 보면 똑같아 보이는 산도 모두 다른 얼굴을 하고 있다. 마음에 끌리는 산이 있다는 것은 그 산이 나의 기운과 감응하는 에너지를 갖고 있다는 뜻이다. 산과 내가 서로를 받아들였고 수용했다는 뜻이다.

보인튼 캐년의 우거진 숲길을 걷는다. 검게 죽어가는 나무 밑에서 새싹이 나오는 모습을 보면서 죽음 밑에 있는 삶을 본다. 삶과 죽음이 따로 분리된 것이 아니라 이렇게 공존하고 있다는 것을 깨닫는다. 천천히 주위를 둘러본다. 이 아름다운 계곡과 숲은 얼마나 많은 생명을 품고 있는가?

어느 날 내게 편지가 한 통 날아왔다. 단센터에서 수련을 시작한 지 이제 석 달 정도 된 어느 사십 대 남자가 보낸 편지였다. 그 편지에서 그는 이렇게 썼다.

"요즘 저는 꽃과 나무, 구름과 하늘이 저렇게 아름다웠던가 하고 날마다 놀랍니다. 저는 어린아이들을 그다지 좋아하지 않았습니다. 그러나 지금은 떼쓰고 소란하게 우는 아이의 얼굴도 너무나 예쁘고 사랑스럽습니다. 편지를 쓰고 있는 지금 조그만 날벌레가 종이 위에 날아와 앉습니다. 예전 같으면 무심코 탁 쳐서 없애버렸겠지만 지금은 그 작은 미물을 들여다

보면서 생명의 근원을 생각합니다. ……"

그가 왜 이렇게 달라질 수 있었을까? 그 사람 안에 있는 생명이 깨어났기 때문이다. 그래서 그 생명이 다른 생명을 보고 반가워하고 기뻐하는 것이다. 우리 안의 생명이 깨어날 때, 우리는 진정으로 "피는 꽃마다 아름답다"고 말할 수 있다. 이것은 의례적인 감탄사가 아니다. 내 안에 정말로 밝고 아름다운 생명이 있다는 것을 느껴 안 사람은 다른 생명체도 똑같이 그렇다는 것을 알게 된다. 그때 우리는 "피는 꽃마다 아름답다"고 말할 수 있다. 이것은 생명의 참모습에 대한 경외이자 깨달음의 순간에 터져 나오는 생명의 자기선언이다. 이것을 자각한 후에 바라보는 세상은 예전과 변함이 없는 세상이되, 나에게는 완전히 새로운 세상으로 펼쳐지는 것을 자각하게 된다.

'피는 꽃마다 아름답다'는 진실을 알 때 한 생명이 다른 생명 위에 군림하는 것이 얼마나 잘못된 것인가를 깨닫는다. 온갖 나무들이 다투어 햇빛을 받기 위해 하늘을 향해 얼굴을 내밀지만, 소나무가 참나무보다 크다고 해서 그 위에 군림하지 않는다. 숲에서는 하늘을 찌를 듯이 솟은 나무에서부터 돌 틈에 낀 이끼까지 모두가 조화를 이루며 살아가고 있다.

무릇 생명 있는 것들은 모두 저마다 다른 빛깔과 향기로 장엄한 생명을 노래하고 있다. 그럼에도 저마다 다르기만 한 것이 아니라 이 모두가 조화롭게 어울려 하나의 큰 생명을 이루고 있다. 같으면서도 다르고, 다르면서도 같은 세계, 그것이 피는 꽃마다 아름다운 세계이다.

기도가 절로 나오는 세도나의 땅

The Land where Prayer Comes Effortlessly

홀리 크로스 채플

홀리 크로스 채플Holy Cross Chapel(성십자가 성당)은 로마 교황청 피닉스 교구에 속해 있고 세도나 시내에 있는 존 비아니 성당에 딸린 아주 작은 성당이다. 세계적인 생태 건축가 프랭크 로이드 라이트Frank Lloyd Wright의 제자였던 마거리트 브런스위그 스튜어드Marguerite Brunswig Staude라는 여성 건축가가 디자인하여 1956년에 완공한 건물이다. 이 건축가가 어느 날 뉴욕의 엠파이어 스테이트 빌딩을 무심히 올려다보고 있었는데, 어떤 각도에서 보니 건물에 커다란 십자가가 걸려 있는 것 같았다고 한다. 그때 영감을 받아 건물의 한쪽 외벽 전체에 십자가가 걸린 이 성당을 짓게 되었다.

　바위를 헐거나 주변 경관을 해치지 않고 자연과 조화를 이룬 건물을 짓기 위해 애쓴 흔적이 역력하다. 성당은 봉긋한 두 개의 붉은 바위 봉우리 사이에 올라앉아 있다. 지대가 높아서 세도나 시내가 잘 내려다보이고, 사람 형상을 한 붉은 바위들이 병풍처럼 성당을 둘러싸고 있다. 빙 둘러서서 중요한 회의라도 하는 것처럼 보이는 이 바위들은 '수녀바위'라는 이름을 갖게 되었는데, 내 눈에는 마치 예수를 안고 있는 마리아와 세 명의 동방박사처럼 보인다. 성당에서 보면 벨락이 멀리 내다보이는데, 벨락에서 오는 기운을 받기에 안성맞춤인 곳이다.

　외관은 단순해 보이지만 성당 안은 경건한 아름다움을 느끼게 한다. 가득 들어서면 칠팔십여 명 정도를 수용할 수 있을 것 같다. 제단은 단출하기 그지없고, 제단이 들어선 벽면 전체가 유리창이다. 성당에 앉아 기도하다가 문득 고개를 들면 하늘의 구름이 눈 속으로 빨려들 것처럼 다가올 때가 있다. 앉아만 있어도 기도가 절로 나올 것 같은 곳이다.

이 성당은 내가 살고 있는 집에서 지척이라 산책 삼아 가기도 하고, 명상과 기도를 하기 위해 들르기도 한다. 약 십 년 전 성당 안에 앉아 명상에 잠겼을 때 나도 모르게 떠올랐던 기도문이 있다. 다양한 종교적 배경을 지닌 이들과 함께 명상여행을 하다 보니, 종교의 유무나 종류에 관계없이 많은 사람들이 한마음으로 올릴 수 있는 감사의 기도문이 없을까 생각하던 중에 떠오른 것이다.

하늘에 계신 하느님
당신을 알게 하여 주심을 감사드립니다.
모든 산천에 계신 하느님
당신을 보고 듣고 느끼게 하여 주심을 감사드립니다.
모든 사람들의 가슴 속에 계신 하느님
당신의 뜻이 이루어지기를 간절히 기원합니다.
더욱더 감사한 것은
나의 눈과 귀와 몸이 없어질지라도
보이지 않는 당신을 알 수 있도록

이 영혼을 주심을

당신께 진심으로 감사드립니다.

명상여행단과 함께 오면 꼭 홀리 크로스 채플에 들러 침묵 속에서 기도의 시간을 갖는다. 각자 자신이 올릴 수 있는 가장 간절한 기도를 올린다. 그러면서 동시에 기도하는 자신을 지켜보는 명상을 한다. 나는 지금 무엇을 위해 기도하고 있는가? 지금 나에게 가장 간절한 바람은 과연 무엇인가?

내가 아는 가장 간절한 기도는 우주의 생명 에너지가 내 몸에 내려와 마음에 평화와 감사가 흘러넘치게 해달라고 하는 것이다. 나에게 기도는 곧 '기도氣道'이다. 명상은 간절한 기도이며, 기도가 발전하면 진정한 명상이 된다.

어디에서 어떤 기도를 올리든 기도의 요체는 간절함이다. 특정한 자세가 중요한 것이 아니라 무엇을 하든 정성스러움과 간절함을 잃지 않는 것이 중요하다. 무릎을 꿇고 싶으면 무릎을 꿇고, 두 손을 모으고 싶으면 두 손을 모으고, 절을 하고 싶으면 절을 하면 된다.

나는 '형식적인 기도'를 경계한다. 세상에는 다른 사람이 만들어놓은 아름다운 기도문이 많다. 나는 정말 자신의 마음에 와닿지 않는 이상, 남이 만든 기도문을 외우지 말라고 한다. 중요한 것은 자신의 기도를 하는 것이다. 자기의 마음에서 간절하게 우러나오는 기도, 너무나 간절하여 하늘과 땅의 마음을 움직일 수 있는 그런 기도를 해야 한다.

경건한 장소에서 눈을 감고 두 손을 모으는 것만이 기도가 아니다. 일을 하거나 잡담을 하는 가운데도 기도할 수 있다. 잠들기 전과 하루 일을 시작할 때 꼭 기도를 올리기 바란다. 명상과 기도를 습관화하면 이기심이나 자만심, 피해의식 등의 부정적인 감정이 다가올 때 그것을 시계추처럼 밀어버리거나 피할 수 있다. 그러나 기도나 명상 없이 우주의 생명 에너지와 연결이 끊어진 채 일만 하다 보면 생활에 윤기가 없어지고 일두 잘 되지 않는다. 가슴 속에 평화와 기쁨 없이 기름 짜듯 쥐어짜면서 하는 일은 우리의 영혼을 만족시키지 못한다.

우리는 기도 속에서 창조적으로 일할 수 있다. 기도를 통해 우주의 생명 에너지와 연결되면 마음이 편안해지고, 아랫배가 따뜻해지며, 머리가 맑아진다. 그때 가슴 속에 사랑이 살아나며 창조성이 우러나온다. 또한 기도가 간절하면 행동이 나오게 되어 있다. 간절한 기도는 자신이 바라는 바를 스스로 계획하고, 그 계획을 적극적으로 실천할 수 있는 힘을 준다.

손에서부터 시작해 에너지를 느끼고, 그 에너지와 연결된 느낌을 유지하면서 기도하면 기도에 더 깊이 몰입할 수 있다. 왜냐하면 내가 지금 손으로 느끼고 있는 바로 이 에너지로 온 우주가 이루어져 있기 때문이다. 내가 그 에너지와 연결된 느낌을 유지하면서 내 영혼이 간직한 위대한 꿈과 희망을 위해 기도할 때, 나는 전 우주를 대상으로 내 기도를 방송하고 있는 것이다. 온 우주가 당신의 꿈에 공명하고, 당신의 꿈을 이루기 위해 당신과 함께 일한다면 당신에게 큰 힘이 되지 않겠는가?

샤먼스 케이브

샤먼스 케이브Shaman's Cave는 추장이나 제사장으로 추대된 인디언들이 수행하던 곳이라고 해서 붙여진 이름이다. 일종의 제사장 통과의례가 치러진 장소다. 그들은 이곳에서 며칠 동안 단식을 하면서 대자연의 정령에게 자신이 부족을 이끌 지도자가 될 자격이 있는지를 검증받았다고 한다. 가뭄이나 전쟁, 질병 등 부족에 큰 어려움이 닥쳤을 때는 이곳에 와서 신비한 약초를 태우고, 노래를 부르고, 춤을 추며 대자연에게 답을 구하기도 했다.

인디언 사회에서 샤먼은 매우 독특한 존재였다. 그들은 대자연의 정령과 대화할 수 있는 능력을 가진 제사장이자 주술사였을 뿐만 아니라 부족의 중요한 일들을 결정하는 정치 지도자이기도 했다. 또한 부족의 신화 및 다른 정신적 전통들을 보존하는 창고와도 같은 존재였으며, 공동체의 성스러운 전통과 전승들을 다음 세대로 전달할 책임을 지고 있는 사람들이었다.

이곳은 관광객들에게 많이 알려진 장소가 아니라서 사람의 왕래가 적다. 내가 이곳에 처음 왔을 때 이 동굴이 사람을 거부한다는 것을 느꼈다. 여러 사람이 함께 오면 잘 모르겠지만, 혼자 이곳에 오면 두려움을 느끼는 사람도 있을 것이다. 나는 이 동굴 아래까지 가끔 말을 타고 오기도 하는데, 말이 두려움을 느꼈는지 어느 지점에서부터는 더 이상 올라가려 하지 않았다. 할 수 없이 말을 밑의 나무둥치에 매어두고 걸어서 올라오곤 했다.

동굴은 넓고 움푹 패어서 아늑하다. 동굴의 오른쪽 벽 중간에 어른 키만 한 높이로 둥근 구멍이 뚫려 있다. 샤먼스 케이브의 운치를 느끼게 하는 둥그런 창으로 해지는 모습과 달 뜨는 모습이 아름답게 보인다. 이 동굴에 앉아 있으면 앞에 펼쳐진 사막과 멀리 보이는 시크릿 마운틴의 붉은 바위가 펼치는 파노라마가 한눈에 들어온다. 사막에 짧은 단비가 내린 후에는 시크릿 마운틴에 어김없이 걸리기 마련인 무지개를 볼 수 있다. 동굴이 있는 절벽 아래에는 작은 호수가 있어 밤이면 코요테나 멧돼지가 목을 축이고 간다.

샤먼스 케이브는 보름날이면 신령한 기운으로 가득 찬다. 칠흑 같은 어둠 속에 빛나는 별빛 그리고 달빛, 멀리서 들리는 코요테의 울음소리, 들어오고 나가는 사람의 숨결이 그 모든 것을 하나로 엮는다. 이 세상의 모든 생명은 하나로 연결되어 있다는 것이 온몸으로 느껴지는 순간이다.

나는 이 동굴에 들를 때는 많은 사람들과 함께 오지 않는다.

오랜 세월 고즈넉함에 길든 동굴이 부산함을 경계하기 때문이다. 작은 그룹으로 와서 조용히 명상을 하고 돌아간다.

이곳에 앉아서 산과 교류하는 수련을 많이 했다. 저 멀리 푸른 하늘과 시크릿 마운틴이 맞닿는 곳을 가만히 응시한다. 눈을 조용히 감았다 떴다 하면서 초점을 맞추면 하늘과 산이 맞닿는 부분에서 아지랑이처럼 피어오르는 기를 볼 수 있다. 높고 낮은 산봉우리들을 따라 백색의 기운의 띠가 오라처럼 산을 감싸고 있는 모습도 보인다. 산이 춤을 추는 것 같다.

나는 이곳을 '천화동굴'이라고 부른다. '천화'란 한국 전통의 선도에서 일컫는 이상적인 죽음이다. 자신이 이 세상에 태어난 의미를 알고, 그 의미에 걸맞은 삶을 산 다음에 담담하고 편안하게 죽음을 맞는 것을 말한다. 천화를 말 그대로 번역하면 '하늘

과 하나가 된다'는 뜻이다. 이곳이 인디언 추장들이 죽음을 준비하며 수행을 한 동굴이라는 이야기를 듣고 나서 붙인 이름이기도 하다.

이곳에 앉아 숨을 쉬면서 삶과 죽음에 대해 생각한다. 우리의 생사란 전구에 불이 들어왔다가 나가는 것이나 다름없다. 코로는 하늘의 기를 들이마시고 입으로는 땅의 기를 받아들여 생명이 이어질 때, 전구에 불이 켜지듯 우리 몸에 생명이 켜진다. 목숨이 끊어져 영혼이 몸을 떠나는 것은 전구에 불이 꺼지는 것과 같다. 그러나 불이 꺼졌다고 전선을 통해 공급되던 전기 자체가 사라진 것은 아니다. 생명 에너지 자체는 소멸할 수 없다. 죽음은 영혼과 함께 생명 에너지가 우리 몸을 떠나는 것일 뿐 생명 에너지 자체는 소멸되지 않는다.

수많은 생명이 이 세상에 왔다가 사라지지만 그 생명은 영원히 소멸하지 않고 다시 다른 많은 생명에 스며 이 세상으로 돌아온다. 우리가 먹는 식물과 동물 등 생명을 가진 다른 존재들이 우리 몸으로 들어와 우리의 생명이 유지된다. 수많은 생명이 우리에게 와서 우리를 이루었듯이, 우리도 때가 되면 우주에 우리 자신을 환원하고 간다.

꽃만 지는 것이 아니다. 사람의 목숨만 다하는 것이 아니다. 우주의 별도 수없이 태어났다가 사라진다. 우리 인간의 생명이 다하는 것이나, 꽃이 지는 것이나, 별이 스러지는 것이나 하나도 다를 게 없는 생명현상이다. 그 모든 것은 하늘과 땅의 기운을 타고 한바탕 놀다 가는 한 생명인 것이다. 그 이치를 아는 사람은 죽는 순간에 죽음 자체만을 보고 공포 속에 떠나가는 것이 아니라 생명의 대순환을 자각하며 기쁨 속에 눈을 감을 수 있다.

우리는 영원한 존재임을 자각할 때, 우리의 생명은 그 무엇으로도 훼손할 수 없는 영원한 것임을 깨달을 때 과거에 집착하지 않고, 미래에 불안해하지 않고 지금 이 순간에 몰두할 수 있게 된다.

몸과 마음을 정갈하게 하고 이 동굴에 앉아 위대한 침묵을 마주했을 인디언들을 생각한다. 마음이 절로 경건해진다.

세도나와 이웃해 있는 볼텍스

Sedona's Neighboring Vortexes

그랜드 캐년과 파월 레이크의 레인보우 브리지는 세도나에 있지 않다. 하지만 내가 자주 들렀던 곳이며, 질문을 안고 찾아가면 언제나 답을 주었던 스승과 같은 곳이다. 그리고 이 두 곳은 세도나에 오가는 길에 많은 사람들이 들르는 곳이기도 해서 여기에 함께 소개한다.

그랜드 캐년

지금까지 그랜드 캐년Grand Canyon을 몇 번이나 다녀왔을까? 헤아려 보니 스무 번은 족히 넘는 것 같다. 세도나 명상여행 초기에는 한국에서 온 제자들과 여러 번 함께 갔고, 평소 세도나에 들어오고 나가는 길에도 가끔 들르다 보니, 이제는 이웃동네에

마실이라도 가는 것처럼 친근하게 느껴진다. 세도나에서는 자동차로 세 시간 거리에 있는 가까운 곳이다.

그랜드 캐년은 미국 서부에서 가장 유명한 관광지라 겨울 한철을 빼고는 늘 사람들로 붐빈다. 한적한 곳을 좋아하는 이들에게는 사람이 많은 것이 흠이지만, 계곡에서 밀려오는 장대한 기운은 그 흠을 가리고도 남는다. 이곳에 그렇게 자주 왔지만 매번 느낌이 다르다. 이곳을 찾는 내 마음과 기운도 시시각각 다르고, 그랜드 캐년도 자라고 변화하기 때문이다.

그랜드 캐년은 이름 그대로 광활하고 장엄하다. 태고의 신비를 간직한 깊고 드넓은 땅이 발아래 놓여 있다. 1천7백만 년에 걸쳐 콜로라도 강의 급류에 씻기고 깎여 깊이 팬 대협곡이 아스라이 펼쳐져 저 멀리서 하늘과 맞닿으며 지평선을 이룬다. 깊이를 가늠할 수 없을 정도로 장대한 협곡들이 첩첩이 늘어서 끝이 보이지 않게 뻗어 있으니, 좁은 땅에 살던 사람들은 일단 그 크기에 압도당한다. 처음 이곳을 방문했을 때 발밑에서 솟구쳐 올라오는 원시적인 생명력에 감탄하며 나도 모르게 숨을 깊이 들이마시던 기억이 새롭다. 나는 이곳에 설 때마다 땅의 위엄을 느낀다.

그랜드 캐년 안에는 두 개의 인디언 보호구역이 있다. 하루 종일 걷거나 말, 노새, 헬리콥터 중의 하나를 이용하지 않으면 갈 수 없는 오지다. 그 중 하바수파이 인디언들 사이에 다음과 같

은 전설이 전해 내려온다.

인간이 태어나기 전 이 세상을 다스리던 두 신이 있었다. 한 명은 선한 신이었고, 다른 한 명은 악한 신이었다. 선한 신에게는 푸케아라는 사랑하는 딸이 있었다. 그는 자신의 딸이 지상에 내려가 생명을 잉태하고 번성케 하는 만물의 어머니가 되기를 바랐다. 그러나 이를 못마땅하게 여긴 악한 신은 지상의 모든 생명을 휩쓸어버리기 위해 큰 홍수를 일으켰다. 선한 신은 아름드리나무 한 그루를 베어 속을 파내고 그 안에 푸케아를 넣어 지상으로 내려 보냈다. 푸케아는 홍수에 떠밀려 이리저리 표류하며 비가 그치기만을 기도했다. 이윽고 홍수가 그치고 산봉우리와 강들이 모습을 드러냈다. 이때 성난 물살이 거대한 평원을 휩쓸고 지나가면서 땅을 쩍쩍 갈라놓은 흔적들도 함께 드러났는데 이것이 바로 오늘날의 그랜드 캐넌이다.

푸케아가 나무배에서 빠져 나와 텅 빈 땅에 첫발을 내디딜 무렵, 동쪽 하늘에서 황금빛 태양이 솟아 대지를 비추었다. 푸케아는 태양에게서 아들을, 폭포에게서 딸을 얻었다. 이 아들과 딸이 번성하여 하바수파이를 비롯한 인디언의 여섯 부족이 탄생했다는 이야기다.

이곳에는 캐년의 아름다움이 한눈에 들어오는 풍광 좋은 전망대가 여러 곳 있다. 대부분의 관광객들은 전망대에 들러 탄성을 몇 번 지르고 사진을 찍은 후 그새 다른 관광지로 이동해버린다. 그랜드 캐년이 뿜어내는 거대한 힘을 충분히 느낄 새도 없이, 눈으로만 잠시 즐기고 가버리는 것이다.

이 땅을 제대로 느끼려면 계곡 사이 구불구불한 산책로를 따라 내려가며 붉은 흙을 밟아보아야 한다. 소나무 그늘에서 쉬어가며 더운 땀도 식히고, 빙하기 때부터 형성되어 켜켜이 쌓인 지층들도 가까이서 들여다보고, 바위들이 내뿜는 서늘한 기운 아래 앉아서 깊은 숨도 쉬어보아야 한다.

사막의 아름다움은 빛에서 온다. 그랜드 캐년에서 맞는 일출이나 일몰은 평생 잊을 수 없는 기억으로 남을 만하다. 아무것도 시야를 가로막지 않는 광막한 땅 끝에서 해가 솟아오르거나 지는 모습을 지켜보는 것은 얼마나 복된 일인가. 빛의 방향에 따라 진홍색에서 적갈색까지 시시각각으로 변하는 바위산들을 보고 있으면, '신의 작품'이라는 표현이 이곳에 얼마나 잘 어울리는 말인지를 새삼 깨닫게 된다.

수억 년의 시간이 창조해낸 대자연의 장엄함 앞에서 길어야 백 년을 넘기 힘든 인간의 시간을 반추해보며 생각에 잠긴다. 이 나이 많은 땅은 인간에게 화두를 던진다. 그동안 기를 쓰며 아등바등 붙잡고 있던 것들이 정말로 의미 있고 소중한 것이었을까? 그동안 나는 무엇을 위해 살아왔는가?

그랜드 캐년은 큰 정화력을 지닌 땅이다. 그래서 명상여행을 위해 이곳에 오면 묵은 감정과 기운을 내보내고 그랜드 캐년의 웅대한 기운을 받아들이는 수련을 한다. 산책로를 따라 걷다가 널찍한 바위나 너른 그늘을 드리운 나무나, 편평한 계곡이 나타나면 걸음을 멈추고 둘러앉아 명상을 한다.

누구에게나 자신의 성장에 걸림돌이 된다는 것을 알면서도 쉽사리 놓지 못하는 감정이나 기억이 있게 마련이다. 그러나 아무리 깊은 상처나 감정이나 기억이라도 놓으면 놓아진다. 시간이 많이 걸리는 것도 아니다. 당장 놓을 수 있다. 문제는 감정과 기억을 자기 자신에게서 쉽게 분리하지 못하고, 한편으로는 그것을 붙들고 놓지 않으려는 마음 때문이다.

슬프다, 외롭다 하소연 하는 사람들 중엔 "슬프다, 슬프다" 하면서 슬픔을 붙잡고 있고, "외롭다, 외롭다" 하면서 외로움 속으로 더 깊이 들어가는 이들이 많다. 그 감정을 꼭 붙들고 놓지 않으면서 벗어나고 싶은데 안 된다고 괴로워한다. 나는 이런 사람들을 볼 때마다 꼭 오물이 고인 웅덩이에 한쪽 발이 빠진 채 울고 있는 아이를 보는 것 같다. 웅덩이는 그다지 깊지도 않고, 단지 한쪽 발만 빠졌을 뿐이다. 그냥 냅다 발을 들어 빼면 될 텐데 아이는 울면서 계속 엄마를 찾는다.

우리가 집착하는 것은 과거의 그림자에 불과하다. 그러나 그

것이 과거의 그림자임을 인식하지 못하고 붙들고 있는 한 영원한 현재가 되어 우리를 따라다닌다. 옛날에 앓던 상처가 있다고 하자. 상처는 아물어서 크고 작은 흉터를 남긴다. 그것은 다만 흉터일 뿐, 행복하고 건강한 삶을 살아가는 데는 아무런 지장이 없다. 그러나 이제는 다 아물어서 흔적만 남아 있는 상처를 보고 여전히 스스로를 환자라고 착각하는 사람에게는 떠났던 병도 다시 돌아오고, 아물었던 상처도 덧나기 마련이다.

어떻게 하면 부정적인 감정과 기억을 떨쳐버릴 수 있는가? 먼저 스스로에게 냉정하게 물어야 한다. 나는 정말 그것을 극복하고자 하는가? 주저하지 않고 "그렇다"고 답할 수 있으면 집착에서 벗어날 수 있다. 중요한 것은 스스로에게 정직해지는 것이다. 그리고 의지와 결단력을 갖는 것이다. 나의 감정은 내가 아니라 내 것이다. 나의 기억은 내가 아니라 내 것이다. 나는 나의 감정과 기억의 주인이다. 그러니 아무런 미련 없이 이제는 떠나보내겠다는 굳건한 마음을 내고, 그 마음을 지키면 된다.

그러나 많은 사람들을 가르치며 안 사실 중의 하나는 이런 단순한 이치를 어렵게 느끼는 이들이 생각보다 많다는 것이다. 감정을 자신에게서 분리해 객관적으로 바라보지 못하는 사람이 많다. 그래서 감정이나 기억을 눈에 보이는 모습으로 형상화하거나 상상력을 이용해 정화하는 명상을 알려준다. 감정이나 기억을 떠나보내는 일종의 작별의식을 치르는 것이다. 이 명상을 하기에 그랜드 캐년만큼 좋은 장소가 없다. 땅이 사람들의 마음을 이미 반쯤 열어놓기 때문이다.

편안하게 앉아 눈을 감고 숨을 고른다. 숨을 깊이 들이마시고 내쉬며 숨쉬는 자신을 느낀다. 머리 위에 아주 용맹하고 당당하게 생긴 독수리가 한 마리 있다고 상상한다. 극복하고 싶은 감정, 이제는 떠나보내고 싶은 어떤 기억이 있을 것이다. 그것이 무엇인지를 조용히 생각해본다. 미움, 슬픔, 원망, 시기, 질투, 죄의식, 피해의식, 우쭐함, 누군가에게 상처받은 기억, 누군가를 상처 입힌 기억 …… 많은 것들이 있을 것이다. 그 많은 감정과 기억들이 똘똘 뭉쳐 공처럼 둥근 모양을 띤다고 상상한다. 독수리를 가까이 불러 독수리의 발에 그 감정과 기억의 덩어리를 쥐여준다. 독수리는 그것을 발톱으로 움켜쥐고 서서히 날아오르기 시작한다. 큰 날개를 위엄 있게 펴고 그랜드 캐년의 상공을 천천히 배회하다가 계곡 아래 콜로라도 강으로 날아 내린다. 힘차게 계곡 아래로 내려가서는 강물에 감정과 기억의 덩어리를 탁 놓아버리고는 다시 하늘 높이 날아오른다. 나의 감정과 기억은 콜로라도 강의 세찬 물살을 따라 흘러내리면서 깨끗이 녹아 사라진다.

그러고는 그랜드 캐년의 장엄함으로 몸과 마음을 가득 채운다. 붉은 바위들을 보고, 붉은 바위가 하늘과 맞닿는 지평선을 보고, 구름을 보고, 하늘을 나는 독수리를 보고 …… 가슴 가득 숨을 들이마시고 내쉬면서 이 웅장함을 받아들인다. 그랜드 캐년은 장엄하다. 그러나 우리는 이 그랜드 캐년보다 더 장엄한 존재다.

파월 레이크의 레인보우 브리지

강연과 집필, 연구 활동 등으로 바쁜 중에도 고향 생각이 나듯 문득 파월Powell 레이크에 가고 싶어질 때가 있다. 호수 끝자락에 자리 잡은 레인보우 브리지는 미국 땅에서 내가 세도나 다음으로 사랑하는 곳이다.

파월 레이크는 글렌 캐년 댐이 콜로라도 강을 막아 생긴 인공 호수지만, 그 규모가 워낙 크고 아름다워 인공적이라는 느낌이 전혀 들지 않는다. 투명한 옥빛 물결이 약 296킬로미터(185마일)에 걸쳐 사막을 유유히 가로지른다. 십오 년 전 처음 이곳을 방문한 후 호수 주위를 병풍처럼 둘러싼 형형색색의 기암들, 석양을 받아 황금색으로 빛나는 바위들, 밤 호수에 비친 달그림자, 레인보우 브리지가 뿜어내는 신령한 분위기가 좋아 매년 여름 순례하듯 파월 레이크를 찾는다. 파월 레이크는 수상 레포츠의 천국이다. 수영, 낚시, 다이빙, 수상스키, 스쿠버다이빙 등 물 위나 물 속에서 하는 온갖 놀이가 성행이라, 휴가철에는 가족 단위로 놀러 나온 사람들로 붐빈다. 그러나 이삼십 분 배를 타고 호

수를 건너 맞은편 백사장에 이르면 고즈넉하고 한산하다.

　몇몇 제자들과 함께 오면 해변에 텐트를 치고, 햇빛을 받아 아름답게 반짝이는 호수 면을 몇 십 분이고 바라보기도 하고, 수영을 하거나 모래사장을 산책하기도 한다. 파월 레이크의 백미는 레인보우 브리지다. 명상여행단과 함께 오면 바로 배를 타고 레인보우 브리지로 향한다. 레인보우 브리지는 두 시간 가량 배를 타고 들어가거나, 나바호 산을 가로질러 걸어가는 방법밖에 없다. 하이킹을 해서 가려면 '나바호 네이션'이라는 인디언 자치 구역의 서면 허가를 받아야 한다.

　레인보우 브리지는 자연이 만든 세계에서 가장 큰 다리다. 마치 무지개처럼 강을 가로질러 반원 모양으로 우뚝 서 있는데, 폭이 약 84미터(275피트), 높이는 290미터나 된다. 나바호 인디

언들은 이 다리를 '돌이 된 무지개'라고 불렀는데, 소수의 추장이나 제사장이 아니면 함부로 들어갈 수 없었던 성역 중의 성역이었다. 레인보우 브리지가 있는 나바호 산은 그들의 탄생 설화가 깃든 곳이기도 하다. 인근에 사는 인디언들에게 레인보우 브리지는 백두산 천지나, 강화도 마니산의 참성단과 같다. 나바호, 푸에블로, 호피 인디언의 제사장들은 이곳에 와서 대자연의 정령에게 지혜를 구하고, 자신의 부족을 축원하며, 가뭄이 든 해에는 기우제를 지냈다.

20세기 초반, 탐험가 그룹을 통해 세상에 널리 알려지기 전에는 인근의 인디언과 카우보이들만 알던 비밀의 장소였다. 1963년에 글렌 캐년 댐이 생긴 후 강의 수면이 높아지자, 배를 이용해 대규모의 관광객들이 레인보우 브리지로 몰려들기 시작했다. 1974년에 인근의 인디언들은 호수에 물이 차오르면서 자신들의 성역인 레인보우 브리지가 물에 잠길 수도 있다는 우려와, 구경거리로 전락한 자신들의 성역을 보호하기 위해 법정 투쟁을 벌였으나 패배했다.

그러나 1995년에 국립공원 관리인들과 인디언 부족들의 합의에 따라 관광객들에게 레인보우 브리지를 경외심을 갖고 방문해달라고 요청하는 안내 문구가 곳곳에 붙어 있다. 그 전에는 관광객들이 다리 바로 아래까지 갈 수 있었으나 지금은 다리 아래까지는 가지 말고, 조금 떨어져서 보기를 권하고 있다. 인디언들은 이 다리를 통과할 때 다리에 감사의 기도를 올리지 않으면 머지 않아 큰 불행이 따른다고 믿었다.

레인보우 브리지에서 깊은 명상에 잠겨 있을 때 나는 여러 차례 인디언의 성자가 그 자리에 있는 것을 보고 느꼈다. 머리를 길게 내려뜨린 인디언 성자의 이름은 세무였고, 그 옆에 머리에 띠를 두르고 왼쪽 귀 위에 새의 깃털을 꽂은 예쁘장한 소녀가 함께 서 있었다. 세무는 다른 사람의 마음을 읽고 치유하는 힘을 가진 뛰어난 힐러였다. 레인보우 브리지와 같은 영적인 장소에서는 보이는 세계와 보이지 않는 세계가 이렇게 만나는 경우가 있다. 이런 일들을 황당무계하다고 생각하는 사람도 있겠으나, 적어도 그것을 경험한 사람들에게는 부인할 수 없는 현실이다. 우리의 보이는 세계는 늘 보이지 않는 세계와 하나로 연결되어 있다.

자연이 만든 위대한 조형물 앞에 서면 누구나 경외심을 품게 되지만, 이 레인보우 브리지는 정말로 특별한 곳이라는 것을 느낄 수 있다. 레인보우 브리지에서 나는 많은 영감을 받는다. 처음 레인보우 브리지를 방문하고 돌아오는 길에 시상이 떠올라 가까이 있던 제자에게 받아 적게 한 시가 바로 '우주의 신비가 담겨 있는 세도나와 파월 레이크'이다.

태양도 달도 오래 머무는 곳을 허락하지 않는 곳
지구의 원시의 아름다움을 그대로 간직하고 있는 곳

지구의 속살을 마냥 드러내놓고 만 년 전, 십만 년 전

그리고 수천만 년, 수십억 년의 역사의 흐름을 보여주는 곳

레인보우 브리지에 내가 있다.

처음 그곳에 서 있을 때 내가 느낀 것은 크게 두 가지였다. 하나
는 웅장하고 아름다운 자연이었으며, 하나는 병들어 가는 지구
를 느끼며 고통스러워하는 지구의 영혼, 땅의 마음이었다.

명상여행단과 함께 방문할 때는 다리가 바라다 보이는 너른
바위에 앉아 명상을 했다. 이곳에서는 많은 말을 하지 않는다.
두 가지의 명상 화두를 던지고 혼자서 그 주제로 명상을 한 다
음 다같이 모여서, 그 화두를 들고 명상을 할 때 자기 마음에 들
어찼던 생각과 느낌들을 서로 이야기한다. 그러는 가운데서 느
껴지는 것이 많다.

내가 던지는 질문은 딱 두 가지다. 나는 누구인가? 나는 왜 사
는가? 스스로에게 끊임없이 질문을 던진다. 나는 누구인가? 나
는 누구인가? 나는 누구인가? 가슴 속에서 이런 저런 생각과 상
념이 올라올 것이다. 나름대로 답변이 나오는데 그 답변에 쉽게
만족하지 말고 계속 물어야 한다. 이 질문에는 정답이 따로 없
다. 오로지 각자의 깨달음이 있을 뿐이다. 그 질문에 무엇이라고
대답하는지 내용이 중요한 것이 아니라 그 질문에 얼마나 몰입
하여 스스로에게 묻고, 그 질문에 얼마나 강력하게 부딪치는가
가 중요하다.

벨락에서 받은 첫 메시지

The First Message I Received from Bell Rock

벨락은 세도나에서 내가 가장 많이 오르내린 바위다. 세도나로 이사 온 첫해에는 하루에도 몇 번씩 벨락 정상에 올라가곤 했다. 새벽에 올라가 일출을 보기도 하고, 한낮의 뙤약볕 아래 앉아 있기도 했다. 서늘한 일몰 무렵에는 수도 없이 올라갔고, 보름달이 훤한 밤에도 자주 올라가곤 했다. 어느 해인가 벨락 정상에서 밤을 보내고 온 적도 있다. 지금까지 백여 번은 올라간 것 같다.

세도나 정착 초기에 여러 가지로 어려움을 겪을 때 벨락은 나에게 큰 힘이 되었다. 벨락은 때로는 다정하게 나의 이야기를 들어주기도 하고, 편안하게 기대어 쉴 수 있는 친구가 되어 주었다. 때로는 고민스러운 문제를 해결할 수 있는 새로운 방향을 알려주고 영감을 불어넣는 가이드가 되어 주었다.

특히 나는 새로운 일을 구상할 때 벨락에 자주 오르곤 했다. 입구에 들어서자마자 산이 나를 반기는 것 같고, 정상에 앉아 있으면 고향집 뒷산에 올라 정겨운 마을을 내려다보는 듯 마음이 편안해진다. 나는 세도나가 아닌 다른 곳에 있을 때도 늘 새벽 서너 시경에 깨어서는 좌정하여 한두 시간 정도 명상에 드는데, 이때에도 벨락을 떠올린다. 바로 그 시간에 창조적인 아이디어들이 솟아나고, 오랫동안 해결되지 않았던 문제들의 실마리가 풀리는 경우가 많다.

내가 세도나에 온 후 처음으로 세도나의 메시지를 들은 곳도 이곳 벨락이다. 세도나에 온 지 한 달이 채 안 된 어느 날, 나는 벨락 정상에 올라가서 명상을 하고 있었다. 작은 소나무 가까이에 앉아 있었는데, 소나무 가지에 파란색 새가 한 마리 앉아 울고 있었다.

새 소리를 들으며 조용히 숨을 고르자 명상이 아주 깊어졌다. 눈을 감고 있었는데 내 옆의 소나무 주위로 황금색으로 빛나는 나비가 몇 마리 날고 있는 영상이 보였다. 아름다웠다. 내가 나비들에게 주의를 기울이자 내게로 날아와서 원을 그리며 천천히 돌기 시작했다. 나비들이 날갯짓을 할 때마다 밝은 빛의 가루 같은 것들이 뿌려지더니 그 빛 가루들이 내 주위를 가득 채우기 시작했다.

분명 나는 눈을 감고 있었기 때문에 깊은 명상 상태에 들어갔을 때 눈앞에 펼쳐지곤 하는 다양한 영상 가운데 하나가 분명할 것이다. 그런데 너무나 선명하여 나도 모르게 이게 현실인가, 아닌가 하는 생각마저 들 정도였다.

그런 생각이 든 순간, 내가 앉아 있는 땅 밑에서 강력한 에너지와 빛이 뿜어져 나와 척추를 타고 뇌를 지나서 정수리를 통해 나가는 것을 느꼈다. 순간 내 몸의 경계가 완전히 사라져버리고 내가 빛 자체가 된 것 같은 느낌이 들었다.

그 빛 속에서 나는 마치 엘리베이터를 탄 것처럼 아주 빠른 속도로 벨락의 중심으로 내려갔다. 나는 갑자기 형형색색의 수정으로 만든 온갖 형상들이 가득 찬 어떤 공간에 서 있는 나 자신을 발견했다. '수정이 세도나의 바위들 형상을 하고 있네'라고 생각한 순간, 마치 카메라의 줌아웃을 할 때처럼 시야가 확대되더니 세도나 시내 전체가 눈앞에 펼쳐졌다. 눈을 뜨고 멀리 보면 볼수록 수정들은 살아 움직이며 꿈틀대고 더 광대하게 펼쳐졌다. 공간 전체에 반짝이는 빛 가루 같은 것이 봄날의 바람에 벚꽃이 흩날리듯 날리고 있었다.

투명한 빛으로 흩날리는 빛 가루들 사이로 무지개 빛으로 빛나며 꿈틀대는 바위 형상의 수정들을 넋을 잃고 바라보고 있는 내 앞에 아름다운 여인이 한 명 나타났다. 허리까지 내려오는 길고 검은 머리에 깊고 검은 눈동자를 가진, 나이를 가늠하기 힘든 여인이었다. 명상 중에 이런 영적인 현상을 자주 경험했기 때문에 그다지 놀라운 일이 아니었으나, 그 여인의 존재감은 아주 크고 인상적이었다.

"당신은 누구시죠?"

나는 물었다.

"나는 세나입니다. 이 세도나를 보호하는 여신입니다. 당신을 이천 년 동안 기다렸습니다. 세도나에 오신 걸 환영합니다."

그 여인이 두 팔을 크게 벌리자 가슴에서 눈이 멀 것 같은 밝은 빛이 뿜어져 나왔다.

"세도나의 여신이요? 그럼 제가 있는 이곳은 어디입니까?"

"이곳은 벨락 밑에 있는 수정궁입니다. 오직 의식의 확장을 통해서만 들어올 수 있는 다른 차원의 세계입니다. 현실과 비현실을 이어주는 비밀의 공간입니다.”

세나는 계속 말을 이어나갔다.

“나는 지구 어머니 마고의 딸입니다. 나의 어머니가 당신에게 전하라고 한 메시지가 있어서 당신을 이곳으로 초대했습니다.”

짧은 침묵 후에 다음과 같은 메시지가 들렸다.

“인류에게 지구의 마음을 전해주십시오!”

그것은 세나에게서 나오는 목소리라기보다는 내가 느낄 수 있는 공간 전체가 그 소리로 가득 찬 것 같았다. 그 순간, 밝은 빛이 내 정수리로 쏟아져 들어오더니 가슴을 타고 아랫배까지 순식간에 내려왔다. 내 몸이 벨락보다 더 크게 확장되는가 싶더니 폭발하는 느낌과 함께 밝은 빛의 알갱이가 되어 공간 전체로 퍼져나갔다.

밝은 빛 가루와 함께 뜨거운 에너지가 몸의 안팎에서 소용돌이처럼 나를 감싸는 듯한 느낌과 함께 나는 눈을 떴다. 나는 벨락 정상에 앉아 있었다. 내 옆의 소나무에는 파랑새도 황금색 나비들도 없었다. 하지만 온몸으로 뜨거운 에너지가 순환되는 느낌은 너무나 생생했고, 눈이 멀 것처럼 쏟아지던 밝은 빛 가루의 느낌 또한 그대로 남아 있었다. 어디까지가 현실이고 어디까지가 명상 중에 본 영상인지 가늠하기가 어려웠다.

“인류에게 지구의 마음을 전하라!”는 목소리는 여전히 생생했다. 마치 공간 전체에 그 메시지가 소리로 새겨져 있고, 그곳에서 끊임없이 같은 소리가 울려나오는 그런 느낌이었다.

나는 벨락에서의 이 경험이 십오 년 전 한국의 모악산에서 깨달음의 순간에 경험했던 기적이고 영적인 현상과 다르지 않다는 것을 알았다. 그때는 지구가 내게 와서 인류 앞에 놓인 두 개의 미래를 보여주었다. 이번에는 세도나의 여신 세나와 마고의 메시지가 나를 찾아온 것이다.

벨락의 수정궁은 실제로 벨락 밑에 존재하는 어떤 물리적인 공간이 아니다. 내 의식이 확장되어 현실세계 너머로 들어갔을 때, 눈앞에 펼쳐진 다른 차원의 세계다. 이것은 대부분의 사람들이 오감으로 인지할 수 없지만, 내게는 너무나 생생하게 존재하고 경험할 수 있는 또 하나의 현실이다.

나는 그 공간 속에서 지구와 인류의 미래를 염려하는 안타까움 속에서 우리가 태어나기 전부터 한 번도 잠든 적이 없고, 한 번도 우리를 떠난 적이 없는 지구 어머니의 깊고 깊은 사랑을 느꼈다. 내가 느끼는 이 안타까움과 지구 어머니의 사랑을 모든 사람들에게 전해야 한다는 사명감이 내 가슴을 가득 채웠다.

그때 벨락에서 경험한 수정궁의 에너지와 메시지를 잊지 않기 위하여, 나는 내 집에서 벨락이 가장 잘 보이는 방에 수정룸을 만들었다. 몇 년에 걸쳐 다양한 크기, 모양, 색깔의 수정을 수집하여 그 공간을 채우고, 천정도 수정의 에너지와 잘 어우러지도록 팔각형 모양으로 만들었다. 나는 이 수정룸에서는 오직 그때 내가 받은 메시지를 이루기 위한 기도와 명상, 대화만을 한다.
이 방에서는 사소한 잡담 따위는 하지 않는다.

세도나 마고가든 이야기

The Story of Mago Garden

1996년 여름, 세도나에 온 지 육 개월 정도 되었을 때였다. 그 무렵 나는 한국에서 한 달에도 두세 팀씩 찾아오는 명상여행단을 안내하느라 바빴다. 그 와중에도 다른 한편으로 내가 계속 집중하던 것이 있었다. 멀리서 찾아오는 명상여행단도 내 집처럼 편하게 묵을 수 있고, 타오의 철학과 원리를 전달할 수 있는 리더들을 양성하는 교육 장소를 찾는 것이었다. 그래서 몇 달간 세도나 일대에서 명상센터로 쓸 만하다 싶은 곳을 여러 곳 둘러보았다. 나는 명상여행이 잡혀 있는 날에도 아침 일찍 또는 점심시간까지 쪼개 장소를 보러 다닐 만큼 바쁘게 움직였지만 썩 마음에 내키는 곳이 없었다.

그날도 나는 벨락 위에서 명상을 하고 있었다. 그때 인자한 얼굴에 머리가 하얗게 센 백인 노인의 영혼이 보였다. 몇 달 전 벨락에서의 체험 이후 평소에도 좌정에 들면 벨락 수정궁의 이미지, 인디언 등 온갖 영혼의 모습이 파노라마처럼 펼쳐지곤 했기 때문에 처음에는 그에게 관심을 두지 않았다. 그런데 그는 특별한 의도가 있어 나를 찾아온 양 내 앞에서 머뭇거리다가는 사라지곤 했다. 내가 그에게 눈길을 주자 비로소 그가 입을 열었다.

"세도나에 온 것을 환영합니다. 나는 오래 전에 이곳에 와서 사람들을 가르치다가 이 년 전에 죽은 사람입니다. 지금까지 당신을 기다려 왔습니다. 당신에게 보여주고 싶은 것이 있습니다."

그 순간 멀리 바위산이 병풍처럼 둘러쳐 있고, 아담한 건물들이 늘어서 있는 붉은 땅의 영상이 보였다.

"내 소유의 명상센터입니다. 나는 그곳이 앞으로 중요한 장소가 될 것이라는 메시지를 받고 그 땅을 개발하고 가꾸어 왔습니다. 이제 나의 일은 끝났고, 당신의 몫이 남았습니다. 이 땅을 맡아서 많은 사람의 영혼을 깨우는 일을 해주십시오."

나는 벨락을 내려와서는 방금 전 보고 들은 것이 사실인지 확인해봐야겠다는 생각에 세도나의 한 부동산 전문가를 찾아갔다. 명상 중에 내가 보았던 그 땅의 모습을 설명해주며 그런 곳이 있는지 물어보았다.

"그런 곳이라면 딱 한 곳이 있죠. 마침 그 땅을 팔려고 내놓아서 마땅한 사람을 찾고 있는 중입니다."

나는 부동산 전문가와 함께 그 명상센터를 찾아갔다. 세도나 시내를 벗어나 먼지가 날리는 비포장도로를 타고 사십 분 정도 들어가니 드넓은 붉은 땅 위에 선 명상센터가 모습을 드러냈다. 아담한 붉은 건물들이 언덕의 선을 깨트리지 않고 땅속에 반쯤 묻힌 형태로 늘어선 모습이 무척 인상적이었다. 세계적인 생태 건축가 프랭크 로이드 라이트의 제자가 설계한 자연 친화형 건물이라고 했다. 주위를 둘러보니 멀리 붉은 바위산들이 병풍처럼 둘러쳐 있었고, 앞에는 향나무와 선인장이 낮게 깔린 국립공원이 장대하게 펼쳐져 있었다. 주변 자연환경은 장관이었지만 건물은 제대로 관리가 안 되어 썩 마음에 들지는 않았다.

그곳에서 일하는 사람의 안내를 받아 이곳저곳을 둘러보았다. 이 명상센터의 설립자가 누군지 궁금하다는 말에 그는 내게 책을 한 권 건네주었다. 책 표지를 넘기는 순간, 나는 깜짝 놀라지

않을 수 없었다. 분명 그랬다. 벨락에서 보았던 그 노인이 사진 속에서 미소를 짓고 있었다.

그의 이름은 레스터 레븐슨Lester Levenson이고 이 년 전인 1994년에 이곳에서 세상을 떠났다고 한다. 그는 물리학자이자 성공한 사업가로 원래는 뉴욕에서 살았다. 그런데 그의 나이 마흔둘에 심장발작으로 쓰러져 병원에 실려 가게 되었다. 진단 결과, 의사는 그에게 더 이상 병원에 있을 필요가 없으니 집에 가서 요양하라고 말했다. 건강이 회복되었기 때문이 아니라 언제 죽을지 모르는 시한부 생명이기 때문에 더 이상 병원에 있을 필요가 없다는 것이었다.

그는 집에 돌아와 한동안 좌절과 분노를 주체하지 못한 채 자살을 생각하기도 했다. 그러다 여전히 숨을 쉬고 있으며 여전히 생각할 수 있는 자신의 존재를 자각하면서 무언가를 시도해보기로 마음먹었다. 그는 자신의 몸과 감정과 정신을 대상으로 실험에 들어가기로 했다. 고요히 앉아서 그동안 삶의 본질에 대해 궁금했던 질문들을 떠올려보았다.

'삶은 무엇인가? 왜 사는가? 내가 찾고 있는 것은 무엇인가?' 그의 머릿속에 '행복'이라는 단어가 가장 먼저 떠올랐다. '언제 행복을 느꼈는가?'라는 질문에 '사랑받을 때'라는 생각이 떠올랐지만 이내 그것은 진실이 아님을 알았다. 자신을 사랑해주는 가족, 친구, 연인이 있지만 늘 행복한 것은 아니었기 때문이다. 자신이 행복했던 순간들을 떠올리면서 공통점을 찾아본 결과, 사랑받을 때가 아니라 다른 사람에게 사랑을 줄 때 비로소 진정한 행복을 느꼈다는 사실을 알게 되었다.

'그러면 과거에 내 마음이 사랑으로 가득 차지 않았기 때문에 행복을 느끼지 못했던 순간들을 지금이라도 다시 행복한 상태로 되돌려놓을 수는 없을까?' 하는 생각이 들었다. 행복이 내면에서 일어나는 감정이라면 자기의 내면에서 불행했던 순간들을 행복한 순간으로 바꿀 수 있다는 확신이 들었다.

그래서 가장 최근에 불행했던 순간을 떠올려보니, 며칠 전 병원에서 자기를 쫓아냈던 의사의 모습이 떠올랐다. 위험을 떠맡기 싫어서 치료를 포기하고 자기를 퇴원시킨 사람이지만 그 의사도 환자에게 삶이 얼마 남지 않았다는 것을 얘기하는 게 얼마나 고역이었을지 이해하는 마음이 생겼다. 이제 중요한 것은 그 의사를 향한 증오의 감정을 사랑의 감정으로 바꿀 수 있는가 하는 것이었다. 계속 분노의 감정을 삭이고 삭이자 마지막에는 가슴 속에서 분노가 녹아 없어지며 사랑의 마음으로 그 의사를 떠올리게 되었고, 스스로 행복하다고 느꼈다.

이렇게 그의 실험은 계속되었다. 그는 석 달 동안 매일 의자에 앉아 과거의 모든 사건들과 사람들을 하나하나 떠올리면서 부정적인 감정들을 녹이고 사랑의 감정이 솟아날 때까지 집중했다. 가슴속에 사랑의 감정이 솟구치자 그의 몸과 마음에 기쁨의 에너지가 감당할 수 없을 만큼 넘쳐났다.

가장 대면하기 힘들었던 것은 죽음에 대한 두려움이었다. 그는 죽음에 대한 두려움이 모든 감정의 근원임을 자각하면서 죽음에 대한 두려움을 숨기는 것이 아니라 활짝 열어 그 두려움을 활활 태워 없앨 수 있었다. 모든 것을 놓음으로써, 생사에 대한 집착과 두려움까지 놓음으로써 죽음을 넘어설 수 있었다.

죽음에 대한 두려움이 없어지자 몸은 날아갈 듯 가볍게 느껴졌고, 스스로 건강하게 치유되었다는 것을 알았다. 석 달이 다 되어갈 무렵, 그는 말로 형용할 수 없는 기쁨을 느꼈고, 기쁨을 넘어 고요한 평화의 상태까지 이르렀다. 그는 지극한 평화 속에서 자신에게는 몸과 마음을 넘어선 영원한 존재, 본성本性이 있다는 것을 알았다.

그는 자신이 느끼고 알게 된 것을 다른 사람들에게도 전하고 싶어 근처의 작은 영성 그룹을 찾아가 강연을 했고, 그의 놀라운 이야기를 접한 사람들이 점차 모여들더니 나중에는 수백 명, 수천 명이 그의 강연을 들으러 찾아오곤 했다.

1958년 어느 날, 갑자기 그는 캘리포니아로 이사를 가야겠다고 생각했다. 캘리포니아 주의 샌디에이고로 이사 가던 길에 애리조나 주를 지나며 '세도나'라는 도로 표지판을 보게 되었다. 갑자기 그의 내면에서 '저 곳으로 가라!'는 소리가 들려왔다. 내면의 소리에 이끌려 세도나로 향한 그는 세도나의 기운과 풍광에 매료되었고, 인적이 드물고 사방이 바위와 수목으로 둘러싸여 평화로운 이 땅을 알게 되었다.

그는 이곳에 정착하여 큰 계획을 세우고 명상센터를 지었으며, 자신이 깨달은 과정을 '세도나 메소드Sedona Method'라는 이름으로 널리 알렸다. 그 명상법은 전 세계적으로 수만 명의 사람들에게 보급되었다. 마흔둘에 곧 죽을 것이라던 레스터 레븐슨은 왕성하게 활동하다가 여든넷에 세상을 떠났다.

이것이 이 땅에 얽힌 이야기였다. 나는 레스터 레븐슨에 대한 이야기를 들으며 감동을 받았고, 그에게서 놀랄 만큼 깊은 동질감을 느꼈다. 그의 고통과 번뇌, 깨달음의 과정이 마치 나의 것인 양 가깝게 느껴졌다.

나는 명상센터와 주변의 넓은 땅을 둘러보면서 레스트 레븐슨의 영혼이 했던 이야기를 떠올려보았다. 그는 내가 이 땅을 맡아주기를 바란다고 했다. 그러나 이곳의 상황을 종합해보면 그의 이야기는 전혀 실현 가능성이 없어 보였다.

이곳을 나에게 맡긴다면서 공짜로 땅을 주는 것도 아니고 거액을 들여 이 땅을 사야 하는데 어떻게 그 비용을 감당할 수 있단 말인가? 설령 이곳을 인수한다고 해도 그 다음이 더 큰 문제다. 세도나 시내와는 동떨어져 이런 곳에도 사람이 사나 싶을 정도로 외진 이곳에서 어떻게 많은 사람들의 영혼을 일깨운다는 말인가? 미국인인 레븐슨 씨와 제자들도 운영에 어려움을 겪었다는데 하물며 미국에 기반도 없고 영어도 서투른 동양인이 이렇게 큰 땅을 어떻게 맡는단 말인가? 더구나 레븐슨 씨가 세상을 떠난 후 제대로 관리하지 않아 곳곳이 폐허처럼 버려져 있으니, 이 땅을 구입하자마자 보수부터 시작해야 할 텐데 …….

이 땅을 구입하는 것은 생각만 해도 두려운 일이었다. 막대한 돈이 들어가는 것도 걱정이었지만, 그 순간부터 운영에 대한 고민 때문에 두 다리를 편히 뻗고 자지 못할 것이 불을 보듯 뻔했다. 그것은 누가 보아도 큰 수렁 속으로 빠져 들어가는 것이나 마찬가지였다. 물론 이 땅을 구입한다면 내 개인이 아닌 법인에서 구입하겠지만 이 법인의 운영자들이 아무리 능력이 있다고 해도 이러한 상황을 헤쳐 나가기가 쉽지 않다는 것은 불 보듯 뻔했다.

나로서는 레븐슨 씨의 제안을 쉽게 받아들일 수가 없었다. '그는 진실한 사람처럼 보이지만 그가 내게 준 메시지가 백 퍼센트 옳다고 확신할 수는 없지 않겠는가? 막연한 메시지만 주지 말고, 이 땅을 맡았을 때 어떤 좋은 일이 어떻게 펼쳐질지 자세히 알려주면 좋으련만 ……. 스스로 확신이 서지 않는데 그의 말만 믿고 위험을 자초할 수는 없는 일이다.' 이렇게 체념하며 발길을 돌리고 말았다.

그 후 나는 그곳에 대해서는 아예 잊어버리기로 마음먹었다.

그러나 명상을 할 때마다 레븐슨 씨의 영혼이 나타나서 나를 물끄러미 바라보다 사라지곤 했다. 당신이 일군 땅을 내가 맡는 것은 현실적으로 불가능하다고 말하자, 그는 가까이 오지 않고 내 주위를 서성이기만 했다. 명상할 때뿐 아니라 나중에는 꿈속에까지 나타나곤 했다.

나는 그의 성화에 못 이겨 다시 한번 그 땅을 찾아가보았다. 천천히 산책을 하다가 명상센터 뒤에 레븐슨 씨의 묘가 초라한 모습으로 버려져 있는 것을 보았다. 삼십 년이 넘게 이 땅을 일구고 가꾸면서 그가 흘린 땀방울, 그가 꿈꾸었던 이 땅에 대한 비전이 가슴 가득 다가왔고, 그가 이 땅을 얼마나 사랑했는지 느낄 수 있었다.

그 후 나는 다시 고민에 빠졌다. 그러나 이 땅을 인수하는 것은 누가 봐도 무모하게 생각되었기 때문에 선뜻 결정할 수 없었다. 가까운 제자들도 모두 만류하고 있었다. 이 땅에 몇 십 번을 와서 둘러보며 '이곳을 인수해야 하나, 말아야 하나?' 수백 번 고민했다.

그렇게 일 년 정도의 시간이 흘렀을 무렵, 마침내 어느 쪽으로든 결단을 내리지 않으면 안 될 시기가 왔다. 어느 날 세도나 지역 신문에 이 땅이 곧 경매에 붙여진다는 기사가 실렸다. 이 땅과 관련된 법적 분쟁이 장기화되면서 소송비용이 천문학적으로 늘어났고, 분쟁에 관련된 당사자들이 그것을 감당할 능력이 없어지면서, 법원의 결정에 따라 경매에 붙여지게 된 것이다.

나는 마지막이라 생각하고, 한 번 더 그 땅을 찾아가보기로 했다. 지난 번 방문 이후 관리하는 사람의 손길이 거의 닿지 않았는지 곳곳의 시설이 망가져 있었고, 사방에 잡초가 어지럽게 우거져 쓸쓸하기만 했다. '이 신성한 땅이 버려져 있구나!' 처음으로 이 땅이 정말로 불쌍하다는 생각을 하게 되었다. 레스터 레븐슨의 묘를 지나 걸어가는데, 아낌없이 사랑을 주던 주인을 잃고 무관심 속에 불쌍하게 버려져 있는 붉은 땅이 눈에 들어왔다. 마치 이 땅이 나에게 사랑과 관심을 달라고 애원하는 것처럼 느껴졌다.

땅의 마음을 느끼자 너무나 가슴이 아파와 발걸음을 멈추었다. 순간, 지진이라도 일어난 듯 발밑이 격렬하게 흔들리더니 땅에서부터 온몸으로 진동이 밀려오면서 "네가 이 땅을 버리려 하느냐?"라는 소리가 들려왔다. 수십만 볼트의 전류에라도 감전된 듯 온몸에 전율을 느끼며 뒤로 물러서는 순간, 내 안에서 그 진동만큼이나 강렬한 물음이 솟아올랐다.

"이것이 진정 당신의 뜻입니까?"

그때 놀라운 일이 벌어졌다. 하늘은 구름 한 점 없이 맑은데 내가 서 있는 자리에서 불과 1미터도 안 되는 지점에 마른벼락이 떨어지는 것이었다. 순식간에 일어난 일에 너무나 놀란 나는 그 자리에서 무릎을 꿇고 나도 모르게 "하늘이시여, 당신의 뜻을 따르겠습니다!"라고 대답했다. 나는 '이것이 정말로 하늘의 뜻이라면 내 생명을 주어도 아깝지 않다. 하늘이 나를 시험하고 있구나. 나의 진실을 다시 한 번 보고 싶어 하시는구나'라고 생각했다.

아무리 좋은 메시지라 해도 현실에 비춰보았을 때 난관과 파국이 뻔히 예상되는 길을 선택할 때는 누구나 망설이게 된다. 그러나 생명의 근원에서부터 들려오는 메시지라면 어떤 어려움이 있더라도 그것은 거부할 수 없는, 선택의 여지없이 받아들여야 하는 길이다. 그렇게 해서 이 땅은 선도仙道를 보급하기 위해 설립된 타오펠로십이 인수하게 되었고, 이곳이 지구의 영혼, 지구의 어머니인 '마고'를 느낄 수 있는 곳이라는 의미에서 '마고가든'이라는 이름을 붙였다.

이 땅을 구입할 때 나도, 타오펠로십의 운영진도 사업적인 계산 같은 것은 전혀 하지 않았다. 구입을 결정할 때 전문가들의 컨설팅도 받지 않았다. 우리에게는 애초에 사업계획 같은 것이 없었으므로, 전문 컨설턴트와 우리들 사이에 어떤 대화가 오갈지는 사실 너무나 뻔했다.

"전에 이런 곳을 인수해서 운영해본 경험이 있습니까?"

"아니오!"

"이곳을 운영할 자금은 충분합니까?"

"아니오!"

"이곳에서 일할 유능한 인력들이 확보되어 있습니까?"

"아니오!"

"그렇다면 제 결론은 간단합니다. 절대로 이곳을 구입하지 마세요. 파산을 각오하지 않았다면요."

그러면 나는 그들에게 이렇게 얘기했을 것이다.

"우리에게는 꿈이 있습니다. 그리고 이 땅이 우리에게 준 메시지가 있습니다."

그들은 이해할 수 없다는 듯이 고개를 가로저었을 것이다.

우리가 가진 것은 오로지 꿈과 의지가 전부였다. 아니, 거기에 하나가 더 있었다. 그 꿈에 적극적으로 동참해준 정말로 고마운 후원자들이다. 그들은 세도나 명상여행을 통해 우리의 꿈을 함께 나누었고, 마고가든을 구입하는 데 기부를 하기도 했으며, 자신의 시간이나 전문지식, 경험들을 자원봉사하면서 물심양면으로 도와주었다. 그렇게 많은 사람들의 정성이 하나하나 모여 마고가든이라는 땅의 에너지가 서서히 살아나기 시작했다.

지구의 마음이 느껴지는 땅

The Land Where the Heart of the Earth Can Be Felt

어느 정도 예상은 했지만, 마고가든을 인수한 후에 넘어야 할 어려움은 우리가 생각한 것보다 훨씬 더 심각했다. 몇 년 간 제대로 관리하지 않은 건물 구석구석을 보수하고 청소하는 데만도 많은 시간이 걸렸다. 마치 밑 빠진 독에 물을 붓는 것처럼 건물 보수에 끊임없는 투자와 손길이 필요했다.

더 큰 문제는 운영이었다. 애초에 특별한 운영 계획이 준비된 상태에서 명상센터를 인수한 것이 아니었기 때문에 어려움은 더 컸다. 다행히 한국과 미국의 타오 멤버들이 마고가든의 명상 및 타오 프로그램에 정기적으로 참여하면서 운영난을 조금씩 헤쳐 갈 수 있게 되었다. 마고가든 스태프들의 인내와 헌신적인 노력, 전 세계 타오 멤버들의 아낌없는 애정과 후원 속에서 사 년간의 힘겨운 시간을 견디고, 마고가든은 조금씩 자리를 잡아가기 시작했다.

2001년 초여름 어느 이른 아침, 나는 마고가든이 한눈에 내려다보이는 근처의 언덕에 올라가 아스라이 펼쳐진 향나무 숲과 들판을 바라보고 있었다. 숨을 크게 들이쉬자 신선한 아침 공기가 가슴 가득 차올랐다. 막 떠오르기 시작한 아침 해에서 쏟아지는 햇살을 받아 사막의 대지가 깨어나고 있었다. 메추라기, 제비, 참새, 토히(북미 산 방울새 비슷한 작은 새) ……, 온갖 새들이 서로에게 아침인사라도 건네듯 신나게 울어대기 시작했고, 마른 풀잎들과 선인장의 가시들도 아침햇살을 받아 반짝였다. 고요하던 사막이 활기를 띠며 새로운 하루를 시작하고 있었다.

나는 아침햇살 속에 환히 드러난 마고가든을 찬찬히, 오래도록 바라보았다. 건물 하나하나, 나무 한 그루 한 그루, 산책로 하나하나까지 아주 유심히 바라보았다. 지난 사 년간 많은 사람들이 쏟은 정성 덕에 버려진 듯 쓸쓸하던 마고가든도 이제 조금씩 기운이 차들어가고 있었다. 나는 십 년 후에 이곳 마고가든이 어떻게 변해 있을까를 그려보았다.

들풀들과 한데 어우러진 갖가지 색깔의 꽃들, 한낮의 태양 볕을 가려주는 잘 자란 나무들, 새와 들짐승들이 목을 축이고 가는 호수, 아담하고 정겨운 산책로들 ……. 건물들도 더 들어서겠지. …… 많은 사람들이 나처럼 이곳에서 사막의 아침 해를 바라보며 영감과 희망과 용기를 얻을 거야. ……

얼굴빛도, 언어도, 종교도 다른 세계 곳곳의 사람들이 이곳에 와서 함께 타오를 공부하고, 기도하고 명상하며 마음을 열고 하나가 되어가는 모습, 그들이 각자 삶의 터전으로 돌아가 타오를 생활하며 자신과 주위의 삶을 아름답게 가꾸어가는 모습이 떠올랐다. 벅찬 감동과 감사함이 밀려왔다.

나는 언덕에서 내려와 레스터 레븐슨의 묘지를 찾았다. 이제는 그가 마치 한평생을 가까이 지내다 먼저 간 친구처럼 편하면서도 애틋하게 느껴졌다.

"내게 이 땅을 맡아 수많은 사람들의 영혼을 깨워달라고 했지요? 벌써 사 년이 지났습니다. 당신과의 약속 그리고 하늘과의 약속을 지키기 위해 애를 많이 써왔습니다. 어떻습니까? 마음에 드십니까?"

레스터 레븐슨이 특유의 온화한 미소를 지으며 고개를 끄덕이는 것 같았다. 아직 갈 길이 멀지만 그래도 어려운 첫 몇 걸음을 성공적으로 떼었다는 안도감과 뿌듯함이 느껴졌다. 이 마고가든을 정말로 많은 사람들의 영혼을 깨우는 곳으로 만들리라, 이곳에 온 모든 사람이 지구의 마음을 느끼게 하리라. 나는 다시 한번 마음을 다잡았다.

내부 시설 보수가 어느 정도 마무리되자 우리는 마고가든의 외관과 조경을 가꾸는 일에 정성을 쏟기 시작했다. 협죽도, 유카(용설란과의 여러해살이풀), 팜파스 그래스(남미 원산의 갈대 비슷한 풀),

수선화, 해바라기 등 사막의 뙤약볕에서도 잘 자랄 수 있는 꽃들, 여름이면 흰색, 노란색, 진분홍색의 선명한 꽃을 피우는 선인장들도 심었다. 나는 가끔 아침 일찍 플래그스탭에 들러 직접 꽃모종을 사와서는 마고가든 입구에 꽃밭을 만들곤 했다.

주말이면 세도나와 피닉스에 있는 타오 멤버들이 마고가든을 찾아와서 함께 땅을 일구었다. 엘에이, 뉴욕, 시카고, 텍사스 등에서도 타오 프로그램에 참가 차 왔다가, 며칠 더 머물면서 꽃과 나무를 심는 일을 돕는 이들이 생겼다. 그들은 낮에는 아리조나 사막의 땡볕을 마다 않고 곡괭이와 삽을 들고 열심히 커튼우드 나무를 심거나 화단을 만들기 위해 돌을 날랐다. 저녁이면 함께 모여 세도나의 별빛과 달빛 아래 명상을 하곤 했다.

마고가든에 노을이 질 때면 저 멀리 시크릿 마운틴은 석양을 받아 황금빛으로 빛나며 마고가든을 포근하게 감싸 안는다. 마고가든에서 올려다보는 세도나의 밤하늘은 누구라도 잊지 못할 것이다. 크고 굵은 별들이 반짝일 때마다 마치 밤하늘의 심장이 두근두근 뛰는 것 같다. 시크릿 마운틴의 검은 실루엣 위로 황금빛 보름달이 떠오르면 마고가든의 나무와 호수의 물결까지도 아름다운 생명의 춤과 노래로 달빛에 화답한다.

"사람의 마음은 땅의 마음을 물들이고, 땅의 마음은 사람의 마음을 물들입니다."

나는 마고가든에서 자원봉사를 하는 고마운 사람들에게 자주 이렇게 이야기하곤 했다.

"이 땅은 오늘 우리가 쏟은 정성을 기억할 것입니다. 이곳 마고가든에서 함께 살고 숨쉬고 밥 먹고 일하는 사람들 그리고 이곳을 찾아와 타오를 공부하고 나누는 사람들의 마음이 아름답고 거룩하면, 이 땅 또한 아름답고 거룩해질 것입니다. 또한 이 신성한 땅의 도움으로 더욱 많은 사람들이 자기 내면의 위대함을 발견하게 될 것입니다."

우리들이 마고가든에서 가장 정성을 들여 가꾼 곳은 힐링가든이다. 나는 마고가든을 방문하는 사람들이 이곳에서 대자연의 힐링 에너지를 마음껏 느끼기를 바랐다. 강렬한 태양과 붉은 대지에서 힐링 에너지가 뿜어져 나오기는 하지만 이곳에 수水 기운과 목木 기운이 더해진다면 더할 나위가 없겠다는 생각이 들었다. 그래서 우리는 호수가 있고, 꽃과 나무가 풍성한 힐링가든을 구상했다.

마고가든의 남서쪽, 대지가 얕은 곳에 저수지가 하나 있었다. 오랫동안 제대로 관리를 안 한 탓에 진흙과 수초 등이 쌓여서 저수지로서의 기능을 거의 할 수 없는 상태였다. 우리는 진흙과 수초들을 모두 제거하고, 저수지를 본래 모습으로 복구했다. 우기가 되자 비가 고이면서 호수의 모양새가 드러났다. 그렇게 만들어진 호수 주위로 산책로를 만들고 꽃을 심어서 힐링가든을 만들 계획을 세웠다.

우리는 계획대로 하나하나 실현해 나갔다. 처음에는 물을 모으는 것이 큰일이었는데, 나중에는 그 물에 수초가 많이 자라 녹조현상으로 물이 초록색으로 바뀌는 일이 생겼다. 그래서 수초가 과도하게 자라는 것을 막기 위해 물을 순환시킬 수 있는 수중 펌프를 설치하고, 호수 중앙에 분수도 만들었다. 몇 년 후에는 다리를 건너면 닿을 수 있는 자그마한 섬과 폭포를 만들고 운치 있는 버드나무도 심었다. 호수 둘레를 걸을 수 있도록 산책로도 냈으며, 호수에는 비단 잉어도 놓아기르고 연꽃도 심었다. 우리 몸에 있는 일곱 개의 차크라를 따라 일곱 개의 벤치를 만들었고, 각 벤치에서 해당 차크라를 각성시킬 수 있는 수련법을 개발하기도 했다. 벤치 주변에 아름다운 꽃과 나무도 심고, 한쪽에는 은은한 향기를 품어내는 허브로 가득한 산책길도 만들었다. 처음에는 아무것도 없었다. 그러나 우리는 포기하지 않고 우리의 계획대로 하나하나 만들어 나갔다. 힐링가든은 무에서 유를 창조하는 과정의 연속이었다.

호수가 만들어지니 자연스럽게 인근의 야생동물들도 발걸음을 하기 시작해 사슴과 멧돼지가 목을 축이는 모습이 자주 보이곤 했다. 이곳에서 자생하는 새와 나비들은 말할 것도 없고, 아주 큰 날개로 우아하게 하늘을 나는 왜가리 한 쌍이 해마다 날아와 한 철을 지내고 가기도 했다. 어쩌다 비가 올 듯 찌뿌듯한 날에는 두더지들이 분주히 땅을 파는 모습도 보인다. 이곳 힐링가든은 사람만 힐링해주는 것이 아니라 여기 함께 살고 있는 모든 생명체들을 힐링해주는 참으로 감사한 곳이기도 하다.

우리의 또 다른 오랜 소망 중의 하나는 마고가든에 많은 사람들을 수용할 수 있는 교육장을 만드는 것이었다. 마고가든을 구입할 당시 가장 큰 수련장은 현재 식당으로 쓰고 있는 공간이었다. 그곳은 오십 명 정도밖에 수용할 수 없고, 더구나 식당과 수련장이 바로 붙어 있어서 수련을 하다 보면 음식 냄새가 여간 방해가 되지 않았다. 벽을 사이에 두고 한쪽에서는 음식을 만드느라 정신없이 바쁘고, 다른 한쪽에서는 기도와 명상을 하는 식이었다.

2001년에 이백 명을 수용할 수 있는 교육장 신축 공사가 진행

되었다. 기공식 날 하늘은 마고가든의 남쪽과 북쪽 끝을 잇는 눈부시도록 선명한 쌍무지개를 선물해주었다. 그렇게 해서 현재의 마고채플이 건축되었고, 몇 년 후에는 여든 개의 객실도 더 들어서게 되었다.

마고가든의 한 켠에는 수년 동안 시행착오를 겪으면서 유기농 농장을 일구었다. 이제는 농장에서 재배한 신선한 야채와 과일들이 마고가든 식단에 오르고, 인근에서 유기농 농장의 성공 사례를 견학하러 오는 사람들도 제법 많다.

이곳의 유기농 가든에서는 상치, 고추, 호박, 파 등의 각종 야채와 바질, 로즈마리, 세이지 등의 허브 그리고 토마토, 참외, 수박뿐만 아니라 사과, 포도, 복숭아 등의 과일도 함께 자란다. 봄이면 하얀 배꽃과 분홍 체리 꽃이 만발하고, 벌들이 잉잉거린다. 가을이면 탐스러운 대추가 주렁주렁 열려 마고가든의 이웃과 방문자들에게 나누어주기도 한다. 과일이 익는 철에는 바람결에 과일들의 단내가 실려오기도 한다. 닭도 삼십여 마리를 기르는데, 초기에는 코요테나 독수리에게 수난을 당하기도 했지만, 지금은 모두 건강하게 잘 자라고 있다.

내가 가장 큰 보람을 느낄 때는 이곳 마고가든을 찾은 타오 멤버들이 아름다운 자연과 타오 프로그램 속에서 자기 자신과 깊이 대면하는 체험을 통해 삶의 큰 전환점을 맞는 모습을 볼 때다. 그런 모습을 볼 때마다 그동안의 고생들이 한순간에 씻겨 나가는 듯한 보람을 느낀다. 그리고 레스터 레븐슨을 비롯해 그 꿈을 실현하도록 도와준 모든 인연들께 깊이 감사한다.

세도나가 맺어준 인연들

Connections Created by Sedona

나는 미국에서 참으로 많은 사람을 만났다. 식당 주방장에서부
터 명상 가이드, 트럭 운전수, 학자, 언론인, 작가, 명상가, 종교 지
도자, 평화 활동가 그리고 만나기 힘들다는 영화배우와 연예인,
스포츠 스타, 프로야구 구단주, 정치인 등 각계각층 온갖 종류의
사람을 다 만났다.

우연한 만남도 있었으나 그보다 더 많은 만남들을 나는 '창조'
해내야 했다. 그들 중에 나를 만나기 위해 기다리고 있었던 사
람은 아무도 없다. 특히 명망 있는 사람들은 만나고 싶다고 쉽게
만날 수 있는 사람들이 아니었다. 나에게는 꿈이 있었기 때문에,
그 꿈을 이해하고 함께할 수 있는 사람을 만나야 한다는 절박함
이 있었다. 그 절박함이 스스로 인연을 창조하도록 나의 등을 떠
밀었다. 그리고 대부분의 인연은 아주 작은 곳에서부터 시작되

었다.

첫 인연을 만든 곳은 내가 세도나에서 여행객으로 들른 '만자니타'라는 작은 식당이었다. 음식이 아주 훌륭했다. 나는 요리사에게 음식이 아주 맛있다며 호감 어린 감사의 인사를 건넸다. 대화를 나누다 보니 요리사는 이 식당의 주인이자 '퀸엘리자베스 호'라는 유명 유람선의 주방장을 지낸 사람이었다. 그의 안색을 살펴보니 건강에 이상이 있는 것 같아 도움이 될 만한 간단한 수련법을 몇 가지 알려주었다. 며칠 혼자서 수련을 해본 식당 주인 앨은 금세 효과를 보고는, 일주일에 두 번씩 나의 개인지도를 받고 싶다고 했다. 이렇게 해서 그가 세도나에서 나의 개인 회원 1호가 되었다.

세도나 정착 초기에 내가 명상센터를 세울 땅을 열심히 찾아다녔기 때문인지 세도나 부동산업자들 사이에 나에 대한 이런저런 소문이 꽤 많이 돌았던 모양이다. 어느 날, 그런 소문을 듣고 세도나의 상세한 지도가 자기 머릿속에 다 들어 있다는 사람이 나를 찾아왔다. 첫 만남에 그의 말 속에 허풍이 많이 섞여 있다는 것을 알아챘지만, 아주 작은 것이라도 세도나에 대해 배울 것이 있으면 그에게서도 배웠다. 그와 대화를 나누던 중에 우연히 헤나 스트롱이라는 사람이 콜로라도에서 명상단체나 수행단체를 후원하고 있다는 말을 듣고, 열다섯 시간을 운전하여 그녀가 있는 곳까지 찾아갔다.

헤나 스트롱에게 나는 그다지 큰 관심의 대상이 되지 못했다. 첫 만남은 요식적인 대화를 몇 마디 나누는 것으로 끝났다. 그로부터 몇 달 뒤, 헤나 스트롱이 남편과 함께 한국을 방문하는 일정이 있어서 서울에서 만나게 되었다. 이때 헤나 스트롱이 네팔의 라마 환생 즉위식에 간다는 소식을 듣고, 함께 가기로 했다. 내가 이 여행에 동행하기로 한 것은 일정이 여유가 있어서도 아니고, 네팔에서 열릴 그 의식에 관심이 있어서도 아니었다. 헤나 스트롱과 내가 만나게 된 것이 의미가 있고, 이 사람을 통해 이루어져야 할 일이 있다는 나의 직관적인 느낌 때문이었다. 나는 며칠 동안 헤나 스트롱과 많은 이야기를 나눌 수 있었다. 그 여행 이후 우리는 마음이 통하는 친구이자 서로의 활동에 대한 후원자가 되었다.

이후 많은 인연의 고리가 만들어졌다. 헤나 스트롱의 남편이자 당시 유엔 사무차장이었던 모리스 스트롱과 친교를 갖게 되었다. 뉴욕타임스 편집국장, 퓰리처상 운영위원장을 지낸 시모어 타핑 교수와 그의 부인이자 사진작가인 오드리 타핑과도 인연을 맺게 되었다. 그들은 또 다른 많은 소중한 인연들을 내게 소개해주었다. 이들은 비영리법인 '새천년평화재단'의 설립과 결성에 참여하거나 협력해주었다. 그리고 내가 대회장이 되어 개최한 '휴머니티 컨퍼런스 - 지구인 선언 대회'에 참석하기 위해 한국까지 와주기도 했다.

세도나가 만들어준 또 하나의 인연이 있다. 마고가든을 구입하고 나서 약 이 년 후, 나는 한국과 미국의 타오 멤버들이 참여하는 '창조주와의 만남'이라는 프로그램을 계획하던 중이었다. 그런데 마침 좋은 소식이 들려왔다. 《신과 나눈 이야기》라는 베스트셀러의 작가 닐 도날드 월시가 마고가든에 와서 자신의 독자들을 대상으로 그룹 워크숍을 한다는 것이었다. 그래서 나는 그를 초청해서 '창조주와의 만남'에서 강연을 할 수 있도록 다리를 놓았고, 나 역시 그의 그룹에 가서 강연을 해주었다.

그때는 몇 백 명을 수용할 강연장도 없었던 때라 시크릿 마운틴의 황금빛 노을이 내려다보이는 언덕배기에 흰 대형 천막을 쳐서 강연장을 만들었다. 닐과 나는 처음부터 대화가 정말 잘 통했다. 나는 미국에서 그처럼 대화가 잘 통하는 상대를 만난 것이 처음이었기 때문에, 그와 아주 많은 이야기를 했다. 한국에서의 나의 구도기와 깨달음 체험, 나의 꿈, 인류와 지구에 대해 느끼는 나의 사명감까지. 닐은 "당신의 이야기와 메시지는 세상에 알려져야 한다. 책을 출간하라"고 진지하게 조언했으며, 출판사를 소개하고 원고에 대해 피드백해주는 등 적극적으로 도와주었다.

그렇게 해서 2000년에 나의 최초의 영어책 《힐링 소사이어티 Healing Society》가 출판되었다. 이 책은 나의 철학과 단요가, 뇌교육을 미국 사회에 정식으로 소개하는 다리가 되어주었다. 그 뒤로 내게 배운 제자들의 노력으로 미국, 일본, 캐나다, 유럽 등의 여러 나라에서 수백 개의 단요가 센터가 생겨났다.

나는 이 모든 것이 세도나와 마고가든이 만들어준 여러 소중한 인연 덕분이라고 생각한다. 만약 십오 년 전에 내가 세도나를 보고 그냥 지나쳤더라면, 또 현실적인 손익 계산 때문에 마고가든을 구입하지 않았더라면 그리고 이곳 마고가든을 찾은 타오 멤버들과 닐 도날드 월시와 같은 친구들이 없었다면 결코 이런 결과는 없었을 것이다.

나는 인연은 단지 우연의 결과가 아니라고 믿는다. 그것은 오랜 바람의 결과이자 선택과 창조의 결과다. 내 경우만 해도 우연히 이루어진 만남은 거의 없었다. 아주 작은 인연이라도 소중히 여기며 그 인연을 가꾸고 키워가다 보면, 그 인연이 또 다른 인연으로 나를 이끌어주곤 했다.

나는 작은 식당의 요리사를 만나든, 유명한 정치 지도자를 만나든, 그들에게 똑같이 나의 꿈을 이야기했다. 처음에는 무관심으로 나를 응대하던 사람도 일정한 계기를 통해 무관심이 관심으로 바뀌고, 그러다가 나의 진정성을 느끼게 되면 적극적인 지원을 아끼지 않는 협력자들로 바뀌곤 했다.

모든 인연은 무심히 보면 그냥 지나가는 인연일 뿐이다. 하지만 꿈이 있고 그 꿈에 늘 집중하는 사람에게 다가오는 크고 작은 인연은 모두 꿈을 이루기 위한 선물로 변한다.

마고성이 찾아오다

Mago Castle Comes to Us

세도나에 정착한 후 한창 벨락에 오르내리곤 했을 때였다. 달이 아주 밝은 어느 날, 나는 벨락 정상에서 명상을 하고 있었다. 달빛 아래 실루엣을 드러내는 세도나의 바위들은 참으로 아름답고 신비로웠다. 사방은 밤바다처럼 고요하여 우주 전체가 다 잠들어 있고, 나와 달과 별들만 깨어 있는 것 같았다. 벨락에서 세도나 시내 쪽을 바라보고 있는데 유독 눈에 띄는 한 지점이 있었다.

세도나 시내 쪽 가까이에 봉우리가 하나 있었는데 그 꼭대기에서 밝은 빛의 서기가 뻗쳐오르고 있었다. 내가 앉아 있는 벨락, 건너편의 대성당 바위와 에어포트 메사, 세도나의 4대 볼텍스 중 세 개 볼텍스의 중심에 있는 그곳으로 세 개의 볼텍스에서 뻗어 나온 기운이 흘러들어가고 있었다.

다음 날, 나는 직접 확인해보기 위해 짐작되는 곳을 찾아갔다. 대성당 바위와 홀리 크로스 채플 중간 지점에 산처럼 솟아 있는 봉우리의 정상이 분명했다. 꼭대기로 올라가는 길은 구불구불하고 양쪽에는 주택이 늘어서 있었다. 더 이상 차도가 없는 마지막 지점에 다다랐을 때, 차에서 내려 주위를 둘러보았다. 그곳에 집이 한 채 있었는데 대문은 열려 있었지만 '출입 금지'라는 팻말이 걸려 있었다. 아마도 개인 소유의 주택인 것 같았다. 출입을 금지한다니 함부로 들어갈 수도 없는 노릇, 누군가가 나올 때까지 기다리는 수밖에 없었다.

나는 그 집에 들어가서 기운을 온몸으로 느껴보고 싶었다. 전날 밤에 본 에너지대로라면 이곳은 예사 장소가 아니었다. 집 앞에서 바라보는 주변 경관도 이미 대단했지만, 그 집의 안마당에서 바라보는 주위의 풍경은 어떨지도 몹시 궁금했다.

한 시간쯤이나 서성이며 기다렸을까? 어떤 젊은 여성이 그 집에서 나오는 것이 보였다. 나는 기대감과 반가움에 먼저 큰 소리로 인사를 건넸다.

"이곳의 기운이 너무 좋아 보여서요. 죄송하지만 오 분만 집 구경을 해도 되겠습니까?"

나는 정중하게 부탁했지만 바로 거절당하고 말았다. 그녀는 대문을 닫고 집 안으로 들어가버렸다. 처음 보는 동양인이 부동산에 내놓은 집도 아닌데 들어와서 둘러보겠다니 거절하는 것

도 당연했다. 하지만 막상 거절당하고 나니 솔직히 무안하기도
하고 실망스러웠다. 한참을 기다렸는데 그냥 내려가야 한다니 발
길이 떨어지지 않았다. 다시 대문 앞까지 갔다가 되돌아오기를
몇 번 반복하다가 할 수 없이 마음을 접고 돌아섰다. 차를 향해
걸어오는데 오른쪽으로 멀리 벨락이 보였다. 나는 마치 벨락과
약속이라도 하듯이 혼자 중얼거렸다.

"이곳의 기운을 제대로 경험하려면 이 집의 주인이 되는 수밖
에 없을 것 같군. 그래, 십 년 안에 내가 이 집의 주인이 되어야
겠다."

하지만 나는 이후로 그 약속을 의식 밖으로 꺼낸 적이 거의
없었다. 어쩌면 잊어버렸다고 해야 할까? 세도나로 이주한 후 초

기의 몇 년은 정말 정신없이 바빴다. 문화도 언어도 낯설어서 시행착오도 많았고, 주위에서 여러 가지 오해를 받기도 했다. 또 마고가든을 인수하고 난 후에는 나의 제자들과 함께 그곳을 새롭게 가꾸고, 타오 프로그램을 만들고 교육하는 데 온 신경을 쏟아 붓고 있었다.

그렇게 팔 년의 세월이 흐른 어느 날, 나는 부동산업자로부터 그 집이 매물로 나왔다는 소식을 듣게 되었다. 그 소식을 듣자마자 가슴이 설레고 당장이라도 그 집으로 달려가고 싶었던 걸 보면, 내 무의식 속에서는 그 집이 꽤 깊이 자리하고 있었던 모양이다.

그 집을 방문했을 때 팔십 대 초반의 노부인을 만났다. 그녀는 자신의 남편과 그 집에 얽힌 이야기를 들려주었다.

그 노부인의 남편은 유씨엘에이의 심리학 교수였다. 그들은 오래 전에 세도나에 여행을 와서 우연히 이 산 봉우리에 올라가게 되었다. 그때는 꼭대기에 아주 허름한 집이 한 채 있었다. 남편은 주변의 놀라운 경관에 반해 그곳에 노후를 보낼 아름다운 집을 짓고 싶었지만, 땅 주인은 한사코 팔지 않겠다고 했다.

포기하지 않고 십 년도 더 넘게 기다린 끝에 결국 그 땅을 구입한 노부부는 은퇴 후에 거주하던 하와이를 떠나 세도나로 이사를 왔다. 이 땅에 새로 집을 지을 당시, 남편의 나이는 여든이 가까웠고 몸도 아팠다. 이 년간의 심혈을 기울인 공사 끝에 그 집은 완공되었고, 남편은 그 집에서 육 개월을 살다가 세상을 떠났다.

남편이 죽은 후 노부인 본인도 여든이 가까워오는 나이라 가파른 언덕길을 운전하며 다니기가 여간 불편한 것이 아니었다. 높은 지대에 있어서 바람이 많이 불거나 비가 오는 날이면 그 큰 집이 너무 휑하게 느껴지기만 했다.

노부인은 결국 그 집을 팔려고 내놓았고 주변 경관이 아름답기로 유명했던 그 집에 많은 사람들이 관심을 보였다. 그 중에는 계약금까지 걸었다가 갑자기 이혼을 하는 바람에 구입을 취소한 할리우드 커플도 있었다. 여러 해 동안 관심을 보인 사람들은 많았지만 이상하게도 중간에 예상치 않은 여러 일들이 생기면서 막판에 가서 계약이 성사되지 않았다고 한다.

나는 그 집을 방문했을 때 왜 그런 일들이 있었는지를 짐작할 수 있게 되었다. 그곳의 에너지는 정말로 특별했다. 이 세상이 아닌 다른 세상에 와 있는 느낌이랄까? 마치 내 몸이 땅에서 들어올려져 천상에 와 있는 것 같았다. 머리 속이 텅 비고 정수리로 맑은 기운이 쏟아져 내려오는 것을 느낄 수 있었다.

그곳에 서면 시야가 삼백육십도 막힘이 없이 위아래 사방이 트여 있다. 앞뜰에 서면 벨락이 저만치 내려다보이고 대성당 바위가 바로 눈앞에 서 있다. 대성당 바위는 보는 각도에 따라 다양한 모습을 보여주기로 유명한데, 그곳에서 보면 바위 앞쪽이 마치 간절하게 기도를 올리는 사람의 손과 옆얼굴 같았다.

그곳에서 내가 받은 느낌은 한마디로 '하늘과 맞닿은 곳'이었다. 사람이 땅을 고르는 것이 아니라, 땅이 사람을 고를 것 같은, 땅의 위엄이 느껴지는 그런 곳이었다. 팔 년 전 그 집 앞에 서 있었을 때는 무심코 언젠가 이 땅의 주인이 되겠다고 했지만, 실제로 그곳을 방문한 후 내 생각은 바뀌었다. 그곳은 개인이 함부로 소유할 수 있는 땅이 아니었다. 한 개인이나 가족이 소유하기에는 너무나 특별한 땅이었다. 그 땅은 많은 사람을 위해, 숭고한 목적을 위해 쓰이지 않으면 안 된다는 것을 느끼게 되었다.

나는 이 땅을 비영리법인인 타오펠로십에서 구입하여 기도와 명상의 공간으로 사용할 것을 제안했다. 하지만 곧 마고가든을 구입할 때와 똑같은 상황에 직면하게 되었다. 이제 겨우 운영이 자리를 잡기 시작한 타오펠로십에 그만한 자금이 없었다. 나를 비롯해서 타오펠로십의 이사진들은 또다시 고민하기 시작했다.

자금도 문제였지만 사실은 엄청난 책임감에서 오는 중압감을 많이 느꼈다. 털끝만큼의 사심도 허락하지 않는, 오직 인류와 지구를 위한 순일하고 숭고한 마음이 없으면 그 땅을 함부로 구입해서는 안 된다는 생각이 들었기 때문이다. 나는 왜 그렇게 많은 자금을 들여 이 땅을 구입하고자 하는가? 과연 우리는 이 땅을 그렇게 거룩하게 사용할 준비가 되어 있는가? 나는 그 집 안마당에 서서 벨락을 바라보며 스스로에게 묻고 또 물었다.

한편 노부인은 하루라도 빨리 그 집을 팔고 싶어 했다. 빨리 결정을 안 하면 다른 사람에게 팔릴 것만 같았다. 이번 기회를 놓치면 그 땅을 살 수 있는 기회가 언제 또 찾아올지 모를 일이 었다. 나와 타오펠로십의 이사들은 고민 끝에 우리 선에서 최선의 가격을 제시했지만, 노부인이 원하는 가격에는 사실 턱없이 모자랐다.

우리가 제시한 가격을 두고 그 노부인은 고민을 했고, 부동산 업자들도 거래를 성사시키려고 진땀을 뺐다. 고맙게도 비영리법인인 타오펠로십의 취지를 이해한 그 노부인이 결국은 우리가 제안한 금액을 받아들였다. 그렇게 해서 그 특별한 땅은 타오펠로십의 소유가 되었다. 나는 그곳을 지구 어머니 마고의 메시지를 받을 수 있는 곳이라는 의미에서 '마고성'이라고 이름을 붙였다.

이곳은 주거 지역이고 주위에 많은 이웃이 있기 때문에 한꺼번에 많은 사람이 올 수 있는 곳도, 늘 방문할 수 있는 곳도 아니다. 이곳 마고성에서는 매월 보름에 인류와 지구를 위해 기도하는 천제를 올린다. 그리고 아주 특별한 경우에 소수의 타오 멤버들이 이곳에 와서 기도와 명상 의식을 갖곤 한다. 마고성에서 기도를 하기 전에는 며칠 혹은 몇 달 간의 수행을 통해 몸과 마음을 반드시 정화하고 오게 되어 있다.

이곳 마고성은 정말로 축복받은 땅이다. 아침이면 눈부신 햇살이 자주색의 허브 꽃이 만발한 마고성의 작은 뒤뜰로 쏟아진다. 그 빛 속에 서 있으면 마치 사람의 몸도 햇살에 녹아 빛으로 바뀔 것만 같다. 눈부신 햇살 속에서 홀리 크로스 채플과 주변의 바위들이 햇살 속에 하나둘씩 제 모습을 드러낸다.

마고성 앞쪽에 펼쳐진 대성당 바위의 모습이 빛의 각도에 따라 시시각각으로 변하는 모습은 정말 장관이다. 서쪽으로 태양이 기울어 붉은 바위들이 더욱 붉게 물들 때쯤이면 동쪽에서는 서서히 달이 떠오른다. 보름이면 동쪽 바위산 위로 은은한 황금색 빛살이 번지며 보름달이 고개를 내민다. 보름달 속에서 벨락과 대성당 바위의 아름다운 실루엣이 살아난다. 그때 지평선을 바라보고 있으면 그 시간과 공간의 신성성에 온몸이 전율한다.

보름달이 없는 날은 별빛이 마고성의 하늘을 가득 메운다. 손을 뻗어 올리면 금세 잡힐 것 같은 별 무더기가 칠흑같이 검은 하늘에 점점이 박혀 있다. 마고성의 새벽에 또렷하게 볼 수 있는 달이 지는 광경은 해가 지는 풍경보다 더 깊은 감동을 준다. 특히 둥근 보름달이 질 때면 태양처럼 아름다운 노을을 만들어낸다. 달이 지는 풍경을 바라보는 감동의 여운이 다 가시기도 전에 동쪽에서는 태양이 또 다른 우주 쇼를 채비하고 있다. 마고성에서는 서쪽에서 해가 지면 동쪽에서는 달이 떠오르고, 또 서쪽에서 달이 지면 동쪽에서는 해가 떠오르는 하루 네 번의 우주 쇼를 생생하게 목격할 수 있다.

나는 '우리가 마고성을 구입했다'고 표현하지 않는다. '마고성이 우리에게 왔다'고 말한다. 이곳 마고성에 서면 누구나 생명의 장엄함에 깊은 감동을 느끼며, 이 생명으로 나는 과연 무엇을 할 것인가라고 거룩한 질문을 하게 된다.

마고가 내게 갖는 의미

What Mago Means to Me

내가 마고가든, 마고성 및 세도나에 있는 여러 장소에 마고라는 이름을 붙인 이유는 이곳 세도나에서 내가 받은 첫 메시지가 '인류에게 지구의 마음을 전하라'는 것이었기 때문이다. 마고는 서기 사백 년경 신라 때 유명한 학자였던 박제상이 쓴 《부도지》라는 책에 등장하는 이름으로 지구 어머니, 지구의 영혼을 뜻하는 단어다. 서양 전통에서는 흔히 '가이아'라고 불린다.

어느 민족에게나 그 민족이 추구하는 이상향을 그린 신화나 설화가 있게 마련이다. 그런 이야기는 동서고금을 막론하고 변함없이 우리가 진정으로 추구하는 것이 무엇인지를 알려준다.

《부도지》는 이렇게 시작한다.

'태초에 율려가 몇 번 부활하여 별들이 나타났고, 율려에서 마고와 마고성이 나왔다.'

율려는 우주를 창조한 근원적인 생명의 리듬을 말한다. 율려는 모든 생명을 관통하는 세 가지 요소인 빛과 소리와 진동으로 가득 차 있다.

이야기는 계속 이어진다. 여성성과 남성성을 동시에 지닌 완벽한 존재인 마고는 홀로 두 딸을 낳았고, 두 딸은 또 홀로 각각 두 딸과 두 아들을 낳았다. 이 네 쌍의 남녀는 황인, 백인, 흑인, 청인으로 나뉘어 율려 속에서 땅의 젖인 이슬처럼 맑은 지유를 마시고 살았다.

마고는 다시 한번 율려의 리듬으로 지상에 육지와 바다를 만들었다. 기, 화, 수, 토가 서로 섞여 조화를 이루더니 풀과 나무, 새와 짐승들이 태어났다. 마고는 율려를 타고 지구를 아름다운 삶의 터전으로 가꾸어 나갔다. 마고는 네 쌍의 남녀에게 지상에서 해야 할 일을 하나씩 맡겼다. 황인은 토를, 백인은 기를, 흑인은 화를 그리고 청인은 수를 맡아 관장했다. 몇 대를 지나는 사이 마고성의 인구는 1만2천 명이 되었다.

마고성의 그들은 모두 지유를 마시며 완전한 조화 속에서 살았다. 그들은 품성이 조화롭고 따뜻했으며 순수하고 맑았다. 항상 하늘의 음악을 들었고, 마음먹은 곳이면 어디든 갈 수 있었으며, 모습을 나타내지 않고도 행동할 수 있었다.

일을 마치고 세상이 황금빛으로 물들 때면 그들은 침묵 속에서도 대화가 통했다. 이들의 에너지는 하늘과 땅과 하나였기 때문에 유한한 육체의 한계를 넘어 모두가 장수를 누렸다. 대추락이 있기 직전까지는.

그런데 사람들의 숫자가 늘어나면서 지유가 부족해졌고 지유를 마시기 위해 기다려야 하는 일이 생겼다. 무리 중에는 배고픔을 느끼는 사람도 있었다. 그 중 한 명이 어느 날 우연히 포도를 먹고 큰 변화를 겪게 되었다.《부도지》에서는 이 사건을 포도의 다섯 가지 맛으로 비유해서 '다섯 가지 맛의 타락(오미의 변)'이라고 표현한다. 쓴맛, 신맛, 단맛, 짠맛 그리고 떫은 맛.

많은 사람들이 포도를 먹기 시작하면서 그들은 절대적인 합일의 감각을 잃어버렸다. 그들은 너와 내가 서로 다르다고 생각하게 되었고, 세상 만물을 분별하는 능력에 눈을 뜨게 되었다. 마고성의 사람들은 선과 악, 깨끗함과 추함, 옳고 그른 것을 따지기 시작했다.

이들은 하나로 연결되어 있던 자신의 몸과 마음과 영혼을 서로 분리시켜 생각하기 시작했다. 율려와 직접 소통하는 능력을 잃어버렸고, 다른 존재와의 일체감도 사라졌다. 싸움과 분쟁이 일어나고 마고성의 질서와 조화는 깨졌다.

마고성의 황인, 백인, 흑인, 청인 부족의 수장들은 이 사건에 연대책임을 지고 자신의 후손들을 데리고 마고성을 떠나기로 결정했다. 이렇게 불완전한 상태로 마고성에 계속 머물면, 마고성 자체가 파괴될 것을 걱정했기 때문이다. 성 바깥으로 나간 그들

은 각자 동으로, 서로, 남으로, 북으로 길을 떠났다. 떠나기 전 그
들은 잃어버린 신성神性을 회복하여 언젠가는 다시 마고성으로
돌아오겠다는 집단결의를 했다. 이것이 '복본復本의 맹세'다.

그들은 마고성으로 돌아가기 위해 모든 보이는 것과 보이지 않
는 것의 근본인 기氣를 단련함으로써 신성을 회복하는 수행을
했다. 이 수행법은 선도仙道라 불리는 한국의 전통 심신 수련법
으로 전해져 내려왔고, 나는 이를 단요가와 뇌교육으로 현대화
했다.

나는 마고성이 특정한 위치에 있는 물리적인 장소가 아니라,
신성과 완전히 하나가 된 인간의 의식과 에너지 상태를 상징한
다고 이해한다. 그런 의미에서 마고성은 우리 안에 있다.

나는 이 마고성 이야기에서 '복본의 맹세' 부분을 읽고 많은 감동을 받았다. 이것은 인간이 가장 깊은 곳에서 과연 무엇이 되고자 하며, 어디로 돌아가고자 하는지를 보여주기 때문이다. 인간은 근본적으로 영적인 존재다. 그렇기 때문에 끊임없이 신성을 갈구하며, 이 신성과 하나가 되고자 한다.

우리는 아무리 먹을 것이 풍족하고 멋진 자동차와 집과 사랑하는 사람들이 있어도 이 신성을 찾는다. 유한한 내 개인의 삶보다 더 오래 지속되는 그 무엇, 내가 보고 듣고 느끼는 것보다 더 큰 어떤 세계를 알고자 하는 갈망, 아무리 많은 것을 가져도 가시지 않는 영혼의 갈증을 채우고자 하는 마음이 우리 모두에게 있다.

마고의 이야기와 함께 내가 이 책의 독자들과 나누고 싶은 또 하나는 천부경에 대한 것이다. 천부경은 약 구천 년의 역사를 가지고 있다고 알려진 한민족의 고대 경전이다. 여든한 자밖에 안 되는 짧은 글 속에 우주의 생성, 진화, 완성의 원리를 담고 있다.

내가 천부경을 처음 접한 것은 약 삼십 년 전, 모악산에서 깨달음을 얻고 난 후였다. 나는 지금도 그때의 충격과 감동을 생생하게 기억한다. 내가 깨달음을 통해 본 생명의 실체가 여든한 자의 글자 속에 고스란히 다 표현되어 있었기 때문이다.

천부경 여든한 자 중에서 가장 많이 등장하는 글자는 '하나'이며, 이것이 천부경의 핵심을 담고 있다. 천부경에서 이 하나는 시작도 끝도 없이 존재하는 영원한 생명이며, 모든 것이 그것으로부터 나와서 그것으로 돌아가는 존재의 근원을 가리킨다.

이 하나의 의미를 깨달은 사람은 자신의 삶이 존재의 근원인 하나에 뿌리를 두고 있듯, 다른 사람의 삶도 마찬가지임을 알게 된다. 이 하나의 의미를 깨달을 때 우리는 분리된 개체로서의 나는 허상이며, 자신과 모든 생명체, 나아가 존재하는 모든 것을 생명이라는 한 그루 나무에 핀 각각의 꽃으로 볼 수 있게 된다. 모두가 하나이지만 또한 모두가 서로 다르고, 그럼에도 그 근본은 역시 하나인 세계를 볼 수 있게 된다.

천부경에는 '본 마음은 태양과 같이 밝아서 스스로 밝음을 구한다'라는 구절이 있다. 인간에게는 누구나 신성이 있고, 이 신성과 하나가 되고자 하는 열망이 있다. 그 신성이 우리에게 행복의 정점에서도 삶의 의미를 찾게 하고, 다른 사람의 고통과 슬픔에 눈물 흘리게 하고, 더 아름다운 세상을 꿈꾸게 한다.

생명전자와 브레인스크린 이야기

The Story of Life Particles and the Mind Screen

삼십 년 전 모악산에서 나의 실체가 천지기운이고 천지마음이
라는 것을 알게 된 후, 이 깨달음을 어떻게 하면 많은 사람들에
게 전할 수 있을까 하는 고민은 지금도 나를 떠나지 않고 있다.
왜냐하면 이러한 자각이 사람들로 하여금 개인적인 문제들을
해결함과 동시에 지구 평화의 실현이라는 큰 대의에 동참시킬
수 있다고 믿기 때문이다.

그 깨달음을 대중화할 수 있는 방법을 찾기 위해 나는 지난
삼십 년간 끊임없는 연구를 해왔으며, 여러 가지 명상법과 수련
법을 개발하고 보급해왔다. 뇌교육, 단요가, 뇌파진동 등은 그러
한 방법 가운데서도 가장 널리 알려진 것들이다. 그 중에서 내
가 최근에 집중하고 있으며 이 책의 독자들과 함께 나누고 싶은
것이 바로 생명전자와 브레인스크린이다.

생명전자와 브레인스크린은 천지기운과 천지마음의 다른 이름이다. 내가 오랫동안 써왔던 이 두 개념을 두고 굳이 새로운 개념을 만들어낸 이유는 놀라운 속도로 진화하고 있는 정보통신 수단의 영향으로 인류의 의식이 빠르게 변화하고 통합되고 있기 때문이다.

나는 인류가 지금 신명시대에 도달했다고 믿고 있다. 신명이란 밝아진 의식, 깨어난 의식이란 뜻으로 이것은 인류가 지금 영적으로 가장 성숙한 시기에 진입했다는 것을 의미한다. 인류는 생명의 전체성을 자각하기 시작했으며, 물질적 가치를 넘어서는 자기실현에 대해 숙고하고 있다. 많은 사람들이 인류의 공존에 관심을 기울이며, 개인적이고 공동체적인 삶 속에서 물질과 정신, 음과 양, 인간과 자연, 신과 인간 등 그동안 서로 대립되었던 가치들을 하나로 통합하기 위해 노력하고 있다.

우리가 이도저도 못하고 관망하거나 걱정하는 사이에 지구 문명의 위기가 목까지 차오른 느낌이다. 문명의 시계는 우리 모두가 예상했던 것보다 훨씬 빨리 가고 있고, 지구환경은 놀라운 속도로 균형을 잃어가고 있다. 우리가 원하는 지구적 변화를 만들어낼 수 있는 유일한 방법은 우리들 한 사람 한 사람이 지구와 인류의 미래에 대한 책임을 자각하고 행동하는 것밖에 없다.

생명전자와 브레인스크린은 디지털 시대, 신명시대의 인간의 상상력과 영적 감수성을 염두에 두고 만든 개념이며, 지금은 인

류의 의식이 빠르게, 대규모로 깨어나야 할 때라는 나의 절박함에서 나온 것이기도 하다.

나는 민감한 영성과 통찰력을 가진 사람이라면, 명상수련 경험의 유무와 상관없이 생명전자와 브레인스크린의 핵심을 이해할 수 있고, 이를 활용함으로써 놀라운 창조력을 발휘할 수 있으며, 집단적인 의식의 변화를 경험할 수 있다고 믿는다.

나는 생명전자를 우주를 구성하는 가장 기본적인 입자, 정보와 생명을 전달하는 가장 작은 입자라고 생각한다. 이것은 명상을 통해 얻은 나의 통찰과 직관에서 나온 콘셉트이기 때문에 과학적으로 입증할 방법은 없지만, 언젠가 미래과학도 같은 발견에 이르게 될 것이라고 믿고, 또 바라고 있다.

생명전자는 무한히 다양한 진동수로 진동하며 다양하게 모이고 흩어지면서 수많은 생명현상을 만들어낸다. 생명전자는 보이는 물질세계부터 보이지 않는 정신세계까지 온 우주를 가득 메우고 있으며, 시간과 공간의 제약을 벗어나 어디든지 언제든지 자유롭게 이동할 수 있다. 생명전자는 시각적으로는 밝게 빛나는 빛의 알갱이나 빛의 가루로 표현된다. 이 책의 앞부분에서 소개한 벨락 수정궁에서의 체험이 바로 내 몸이 완전히 사라져서 생명전자 자체가 되어 무한한 우주의 에너지와 일체화되는 체험이었다.

'브레인스크린'은 깨어 있는 의식을 공간화한 개념이다. 시각적으로는 생명전자로 이루어진 빛의 스크린으로 묘사할 수 있겠다. 브레인스크린은 영사막과 같은 평면이 아니다. 홀로그램처럼 입체적이면서 모든 정신활동이 이루어지는 무한한 내면의 공간이다. 브레인스크린은 기본적으로 의식을 집중하는 대상이 이미지로 뇌 속에 반영되는 것이다. 시간과 공간의 제약을 받지 않는 무한한 창조와 가능성의 공간이다. 무한하게 커질 수 있으며, 우리는 그 안에서 과거, 현재, 미래를 자유롭게 오갈 수 있다. 브레인스크린은 생명전자가 활동하는 공간이자 이동하는 통로이며, 동시에 생명전자를 움직이는 주체다.

중요한 것은 브레인스크린도 결국 우리 뇌의 작용이자 기능이라는 것이다. 나는 오래 전부터 뇌에 대해 깊은 관심을 갖고, 인간의 뇌가 가진 창조적인 능력을 어떻게 하면 최대로 활용할 수 있을까에 대해 많은 연구를 해왔다.

여전히 많은 사람들이 뇌라고 하면 차갑고 딱딱하고 낯설게 느끼며, 뇌는 의사나 과학자의 전유물이라고 생각한다. 우리는 뇌를 통해 생각하고 말하고 움직인다. 뇌를 통해 사랑하고 꿈을 꾸고 미래를 계획하며, 뇌를 통해 나는 누구인가를 묻는다. 우리의 뇌에서 꿈과 현실, 신과 인간, 물질과 정신이 만난다.

그래서 나는 더 창조적이고 가치 있는 삶을 살기 원하는 사람은 누구나 뇌에 대해서 알고, 뇌를 활용하는 원리와 방법을 배워야 한다고 생각한다. 그리고 나는 인류의 뇌는 기본적으로 신성과 하나 되는 영적인 체험을 갈망한다고 믿고 있다. 이것이 내가 한국 선도의 자연과 인간에 대한 철학 및 심신수련법에 서양의 뇌과학을 접목하여 뇌교육을 창시한 이유다.

한국 선도의 고대 경전 중 하나인 삼일신고에 '자성구자自性求子 강재이뇌降在爾腦'라는 구절이 있다. '하느님을 자신의 본성 속에서 찾으라. 너의 뇌 속에 이미 내려와 계시다'라는 의미다. 지금부터 만 년도 더 지난 과거로부터 전해져온 놀라운 메시지다. 선도의 전통 속에서 영적인 각성을 통해 완성을 추구했던 많은 스승들을 통해서 재확인되고, 나도 스스로의 경험을 통해 자각하게 된 사실이다. 나는 이것이 인류가 가진 변화의 가능성이자 인류의 희망이라고 믿는다. 내가 그동안 만들고 보급한 모든 수련법은 외형적인 기법의 차이에 상관없이 궁극적으로는 모든 사람들로 하여금 자신의 뇌 속에 깃든 신성을 자각하고 회복하게 하는 것이 목적이다.

브레인스크린은 우리의 뇌가 가진 가장 고차적인 기능이다. 사실 대부분의 사람들이 자신의 지식과 체험 이상으로 뇌의 능력을 활용하지 못한다. 하지만 우리의 뇌는 우리가 해보지 않은 것, 우리가 모르는 것도 우리가 요청하면 할 수 있다. 우리의 뇌는 길이 안 보이면 길을 찾고, 찾아도 없으면 만들어내는 위대한 창조력을 갖고 있다. 우리는 브레인스크린을 통해 지식과 체험의 한계 너머, 우리의 뇌가 가진 위대한 잠재력을 끌어 쓸 수 있다.

나는 어떻게 하면 많은 사람들이 생명전자와 브레인스크린을 쉽게 이해하고 활용할 수 있을까를 고민하다가, 두 개념을 이미지로 표현해보았다. 말이나 글보다는 이미지가 훨씬 쉽고 빠르게 전달될 수 있다고 생각했기 때문이다.

나는 내가 깊은 명상 상태에서 본 생명전자의 이미지를 화가에게 구술하여 그림을 그리게 했다. 그리고 이 그림에 '생명전자 태양'이라는 이름을 붙였다. 중앙에서 붉은 색으로 강렬하게 빛나는 것이 생명전자의 태양이다. 이 태양은 강력한 생명전자를 내뿜으며 만물을 살리고 치유한다. 쉽게 말해서 이 태양은 가장 맑고 순수하며 사랑과 창조성으로 가득 찬 에너지를 형상화한 것이다. 명상의 초보자라 하더라도 생명전자 태양의 이미지를 떠올림으로써, 우주의 가장 순수하고 고차원적인 에너지 파동과 쉽게 공명할 수 있다.

브레인스크린 그림은 내가 벨락 정상에서 명상하다가 벨락 아래의 수정궁으로 내려가 강력한 에너지를 체험한 상태를 형상화한 것이다. 그때 내 몸은 벨락 정상에 앉아 있었지만, 나는 어떤 특정한 의식과 에너지 상태로 들어갔다. 그때 나는 내 몸과 벨락과 온 우주를 동시에 보고 느낄 수 있었다. 이 상태를 에너지적으로 표현하자면, 양 눈썹과 눈썹 사이에 있는 제3의 눈이 열린 상태라고 볼 수 있다. 브레인스크린 그림은 제3의 눈을 열고자 하는 사람들에게 시각적인 영감과 도움을 줄 수 있다.

중요한 것은 우리 모두는 근본적으로 생명전자 그 자체이며 누구나 브레인스크린을 가지고 있다는 것을 아는 것이다. 그리고 그 대단하고 강력한 자산을 활용하여, 자신의 삶을 더 건강하고 행복하고 평화롭게 가꾸고, 다른 사람들 또한 그런 삶을 살도록 돕는 것이다.

생명전자와 브레인스크린을 활용한 명상법은 이 책의 부록에 자세히 소개했다.

내면의 위대함을 발견하라

Discover the Greatness Within

당신은 스스로를 위대한 존재라고 생각해본 적이 있는가? 당신의 내면에서 우러나오는 어떤 생각에 스스로 감동해본 적이 있는가? 당신 안의 생명이 당신 스스로를 우러러보는 느낌을 가져본 적이 있는가?

어느 날 나는 내 안에서 지구와 인류의 미래를 진심으로 걱정하는 목소리를 들었다. 그 목소리는 물었다. 이 지구 위에서 모든 생명체가 평화와 조화 속에 함께 어울려 사는 그런 세상은 불가능한가? 그 목소리는 대답했다. 모든 사람이 진실로 그것을 원하고 그러한 세상을 선택한다면 이루어지지 않을 이유가 무엇인가?

그 목소리는 내게 깊은 감동을 가져다주었고, 내가 이 지구와 인류를 위해 무엇을 할 수 있을지 고심하게 했다. 나는 그런 내게서 아름다움과 감동을 느꼈다. 그 느낌은 아주 깊고 진실했으며, 나로 하여금 그 전까지의 내 삶의 행로와는 전혀 다른 인생을 선택하도록 나를 이끌었다. 그 한 생각과 선택이 평범했던 나를 바꾸고, 나의 삶을 바꾸었다.

많은 사람의 의식을 깨우는 사명이 나에게 있다는 목소리를 들었을 때, 그 큰 사명에 비추어 나는 너무도 부족한 사람이라는 것을 잘 알았다. 하지만 나는 그 목소리를 부정하지 않았다. 나의 부족함을 걱정하여 움츠리지도 않았다. 이 길이 진정 하늘의 길이라면, 최선을 다한 나의 노력 앞에 반드시 길이 스스로 열려 주리라고 믿었기 때문이다. 그것은 진실이었다.

물론 나를 흔드는 다른 목소리들도 많았다. 그것은 나 자신 안에서도 울려왔고 밖에서도 울려왔다. 그러나 인간에게는 참된 나의 목소리와 거짓된 나의 목소리를 구별하는 능력이 있다. 누구나 그 능력을 갖고 있다. 다만 모든 사람이 참된 자신의 목소리를 선택하고 실천하지는 않을 뿐이다. 나는 참된 나의 목소리를 따르려 노력했다. 그것이 아무리 비현실적이거나 명백한 손해로 보일지라도.

당신은 지금 어떤 내면의 목소리를 듣고 있는가? 당신도 어쩌면 자신의 자질에 비추어 너무 크게 느껴지는 사명을 그 목소리로부터 듣고 있을지 모른다. 주의하라. 그 목소리와 함께 당신을 아주 조그만 존재로 만들려는 많은 목소리들이 함께 들려올 것

이다. 어쩌면 '현실적인 사람이 돼라'는 냉소적인 목소리가 당신 자신인 양 행세할지도 모른다. 그때 흔들리지 말기를 바란다.

앞길에 분명한 고난이 예고되어 있을지라도 당신의 진정한 자아가 원하는 그 길로 가야 한다. 그 길로 가지 않았을 때 당신의 영혼은 영원히 갈증을 느낄 것이다.

나는 모든 사람이 적어도 인생에서 몇 번은 그런 내면의 목소리를 듣는다고 생각한다. 그리고 자기 개인의 이익 추구에만 머무르지 않고, 가족과 이웃 더 나아가 사회 전체와 인류에게 도움이 되고자 하는 마음이 모든 사람에게 내재되어 있다고 믿는다. 나는 그것을 '내면의 위대함'이라고 부르고 싶다. 그 위대함으로부터 모든 생명체를 이롭게 하고자 하는 아름답고 거룩한 생각이 솟아나온다.

내면의 목소리가 들리는 그 순간에 당신은 어떻게 했는가? 당신 내면의 위대함이 자각되는 순간에, 당신은 어떻게 했는가? 그것을 인정하고 선택했는가? 아니면 외면했는가?

우리 모두는 위대한 생명이며, 위대한 영혼이다. 위대한 생명으로부터 널리 세상을 이롭게 하고자 하는 거룩한 한 생각이 우러나올 때, 이를 자각하는 눈과, 이를 인정하고 선택하는 용기와, 이를 실천하려는 의지가 우리에게 있어야 한다. 그 한 생각을 소중히 여기고 정성을 다해 키워나가는 과정에서 우리는 자신과 인류의 삶에 진실한 변화를 창조할 수 있다.

인간이란 시간과 공간 속에 잠깐 나타났다가 사라지는 존재다. 누구나 결국은 죽는다. 한 인간이 살다가 죽는 것과 파리 한 마리가 살다가 죽는 것은 우주적 관점에서 보면 전혀 무게가 다르지 않은 사건이다. 파리 대신 당신이 죽었다고 우주는 결코 더 슬퍼해주지 않을 것이다.

그렇다면 인간은 허무한 존재인가? 인생에는 아무런 의미도 없는 것인가? 결코 그렇지 않다. 우리는 어느 날 이 인생을 누구인지 알 수 없는 존재로부터 선물받았다. 그 선물을 받으면서 우리는 그것을 온전히 자기만의 것으로 만들 수 있는 무한한 선택의 자유도 함께 선물받았다. 우리는 선택하는 대로 살 수 있고, 그 삶의 의미까지도 스스로 만들 수 있다.

우리는 허무한 존재가 아니다. 하지만 본성의 목소리에 귀를 기울여 자신의 열정을 쏟을 꿈을 발견하지 못하면 정신없이 바쁜 가운데서도 허무함을 느끼며 살아갈 수밖에 없다. 당신은 하루를 마치고 잠자리에 들 때, 이런 질문을 해본 적이 있을 것이다. 나는 오늘 하루를 잘 살았는가? 그때 당신은 무엇을 기준으로 대답하는가? 당신에게 꿈이 없다면, 당신의 삶에 의미를 부여하는 가치가 없다면 인생을 마치고 영원한 잠자리에 들 때도 이 질문에 대답할 수 없을 것이다. 나는 인생을 잘 살았는가?

꿈은 아직 이루어지지 않은 현실이다. 하지만 어떤 이들의 마음속에서는 그 일이 벌써 이루어져 있다. 그렇게 아직 현실 속에서는 이루어지지 않았지만 마음속에서는 이미 이루어진 그 일을 보며 자신을 과감히 던질 수 있는 사람, 그가 진정 용기 있는 사람이다. 인생은 정해진 틀을 살아내는 것이 아니다. 기성품의 형태로 존재하는 인생이 어디에 따로 있어서 그것을 발견해야 하는 것이 아니다. 인생은 자기 본성의 목소리를 따라 자기만의 것으로 '발명'하는 것이다.

당신에게 꿈이 있는가? 있다면 어떤 꿈이 있는가? 혹시 나와 비슷한 꿈을 꾸고 있는가? 나는 더욱 더 많은 사람들이 나와 같은 꿈을 꾸기를 바란다. 어차피 나의 꿈은 너무 커서 혼자서는 감당할 수 없기 때문이다.

당신이 나와 같은 꿈을 가진 사람이라면 나는 당신에게 이렇게 이야기해주고 싶다. 당신은 지금 한 그루의 나무를 심고 있다. 당신은 지금 한 알의 씨앗을 뿌리고 있다. 그리고 한 가닥의 실로 뜨개질을 시작하고 있다. 처음의 한두 걸음은 아무것도 아니지만, 그 일을 십 년쯤 한다고 생각해보라. 한 그루의 나무가 숲을 이루고, 한 알의 씨앗이 밀밭을 이루고, 그 한 가닥의 실이 아름다운 천이 된다. 우리 안의 생명을 믿고, 우리 안의 위대하고 거룩한 그 마음을 믿고, 당신이 선택한 그 꿈을 끝까지 밀고 나가라.

나는 내 안에서 올라오는 메시지와 영감에 따라 이 책을 썼다. 나의 이야기가 당신에게 어떤 영감을 준다면, 그것을 믿고 신뢰

하라고 이야기하고 싶다. 그리고 그 영감과 느낌이 이끄는 대로 움직이라. 그것을 표현하고 다른 사람에게 전하라. 모든 사람의 내면에 있는 위대함이 함께 깨어나 화답하게 하라.

모든 사람의 내면에 있는 거룩함과 위대함에 서로가 공명할 때 우리는 개인의 한계를 넘어 지구의 미래를 위한 성숙한 변화를 창조할 수 있다. 한두 사람의 위대한 개인이 아니라 위대한 인류의 탄생, 이것만이 지구의 희망이다.

지금까지 인류는 성공의 가치를 추구해왔다. 나는 이제 인류가 완성의 가치를 추구해야 한다고 생각한다. 성공은 다른 사람과 비교되는 상대적인 평가이지만, 완성은 자신의 양심을 기준으로 한 절대적인 평가다. 성공은 흔히 부와 명예를 쌓는 것으로 이루어지지만, 완성은 자기 삶의 목적을 알고 그 목적에 충실한 삶을 삶으로써 이루어진다. 성공을 위해서는 남과의 경쟁이 중요하지만, 완성을 위해서는 늘 더 나아지고 성장하려는 자기반성과 격려가 중요하다. 성공은 선착순의 달리기지만, 완성은 각자의 우승컵이 준비되어 있는 달리기다. 성공에 이르는 길은 서로 경쟁하며 가는 길이지만, 완성에 이르는 길은 서로를 도우며 가는 길이다.

지금 봄을 맞은 세도나에는 곳곳에 들꽃이 피어 있다. 어떤 것은 크고 어떤 것은 작고, 어떤 것은 빨리 지고 어떤 것은 오래간다. 노랗고 아담한 멕시칸 양귀비, 하얗고 큰 달맞이꽃, 보라색의 인디안 붓꽃 등 모양과 색깔도 제각각이다.

그 들꽃을 보며 우리는 큰 꽃이 작은 꽃보다 아름답다고 생각하지 않는다. 오래 피어 있는 꽃이 일찍 지는 꽃보다 훌륭하다고도 생각하지 않는다. 큰 꽃은 단지 클 뿐이고, 작은 꽃은 단지 작을 뿐이다. 오래 피어 있는 꽃은 오래 피어 있을 뿐이고, 일찍 지는 꽃은 일찍 질 뿐이다. 그것은 차이이고 다양성일 뿐 우열이 아니다.

세도나의 봄 들판을 물들이는 들꽃 한 송이 한 송이도 아름답지만 큰 꽃, 작은 꽃, 완전히 핀 꽃, 아직 피지 않은 꽃, 이미 져서 바람에 날리는 꽃, 들꽃들의 뿌리를 감싸고 있는 붉은 흙, 꽃들의 배경이 되어주는 갖가지 모양의 바위들과 다채로운 하늘, 크고 작은 나무들 …… 이 모두가 어우러진 모습에는 더 장엄한 아름다움이 있다.

우리는 생명이라는 한 그루 나무에 핀 각각의 꽃이다. 각각의 꽃이 자기만의 색깔과 모양과 향기를 완성하기 위해 노력하기에, 전체로서의 아름드리나무가 더욱 더 큰 생명력을 내뿜는다. 우리는 모두가 하나이지만 또한 모두가 서로 다르고, 그럼에도 그 근본은 역시 하나다. 우주 안에 홀로 떨어진 하나란 없으며, 나의 완성이 전체의 완성과 따로 떨어져 있지 않다는 것을 깨달은 사람은 전체 생명을 이롭게 하는 삶을 선택하게 된다.

완성에 대한 갈망과 의지가 있기 때문에 우리는 끊임없이 변화할 수 있고 스스로를 재창조할 수 있다. 나는 우리 내면의 완전성 그 자체가 우리에게 완성을 향해 나아가도록 끊임없이 동기부여를 하고 있다고 믿는다. 우리에게 그러한 내면의 완전성이 있고, 그 완전성에 가 닿으려는 의지가 있기 때문에 인간은 위대하고, 언제나 더 위대해질 수 있다.

세도나 스피릿

The Sedona Spirit

지난 4월 중순, 나는 참으로 오랜만에 벨락 정상에 올랐다. 세도
나 정착 초기에는 하루에 두 번씩도 올라가곤 했지만, 최근 몇
년 간은 벨락에 오를 기회가 많지 않았다. 오후의 따뜻한 햇살
이 내리쬐는 벨락은 언제나처럼 나를 반갑게 맞아주었다. 정상
에 거의 다다를 무렵, 우뚝 솟은 붉은 바위들 사이로 구름 한 점
없는 푸른 하늘이 눈에 들어왔다. 그 광경을 생애 처음 보기라
도 한 것처럼 가슴이 뛰었다.

해가 기울자 석양이 벨락 옆의 법정바위를 황금색으로 물들
였다. 저녁 바람에 소나무 가지들이 잔잔하게 흔들렸다. 나는 그
날 벨락 정상에서 오래도록 명상하며 한 해에 수백만 명에 이른
다는 세도나 방문객들을 생각했다.

문득 세도나에 오는 사람들이 산란기에 자신이 태어난 강을

찾아오는 연어와 같다는 생각이 들었다. 연어는 강에서 태어나 바다로 간다. 바다에서 삼사 년을 살던 연어들은 알을 낳을 때가 되면 자신이 태어난 모천으로 돌아온다. 거센 물살을 거슬러 오르느라 온몸이 만신창이가 될 만큼 힘든 여정이 될 때도 있다. 그렇게 생명의 근원을 찾아 모천으로 돌아온 연어는 알을 낳고 다시 바다로 돌아가거나 모천에서 죽음을 맞이한다.

피닉스나 투산, 엘에이 등 이웃 도시에서 세도나에 오는 사람들도 많지만, 그보다 더 많은 사람들이 북미 전역에서, 멀리 아시아나 유럽에서까지 세도나를 찾아온다. 무엇이 그들을 이곳 세도나로 부르는 것일까?

사람마다 이곳을 찾는 표면적인 이유는 천차만별이겠지만, 나는 모천으로 회귀하는 연어들처럼 그들을 이곳 세도나로 향하게 하는 어떤 갈망 같은 것이 존재한다고 생각한다. 세도나를 찾는 사람들은 단순히 아름다운 경치를 구경하기 위해서 오는 것이 아니다. 그들은 세도나에서 새로운 자극이나 모험, 영감 등 무언가 새로운 것을 경험하고 싶어 한다. 윤기를 잃은 삶에 생기를 불어넣어줄 새로운 무엇을 찾는 그 갈망이 나는 본질적으로 영적인 것이라고 믿는다.

나는 그날 벨락에서 내려온 뒤에, 세도나에 온 사람들이 찾는 새로운 그 무엇에 '세도나 스피릿'이라는 이름을 붙여보았다. 그렇게 하고 보니 십오 년 전에 나를 세도나로 끌어당겼던 어떤 힘,

지난 십오 년간 내가 세도나에서 경험한 모든 것의 정수가 세도나 스피릿으로 집약되었다.

당신이 지금 세도나에 살고 있거나 세도나를 방문한 적이 있는 사람이라면, 세도나 스피릿의 핵심으로 무엇을 꼽겠는가? 나라면 다음 세 가지를 꼽겠다. 세도나 방문객들에게 어떤 경험을 통해서든 이 세 가지를 느끼고 자신의 것으로 만들라고 말하고 싶다.

먼저 세도나 스피릿은 무엇보다 '창조의 정신'이다. 세도나의 자연이 품고 있는 원시적인 아름다움, 사막의 태양 빛에 따라 시시각각으로 변하는 세도나의 하늘과 붉은 바위들은 우리 안의 깊고 위대한 창조성을 일깨운다. 우리는 어떤 어려운 환경에 처해 있다 할지라도 스스로의 선택에 따라 자신과 주위의 환경을 변화시킬 수 있고 새롭게 창조할 수 있다. 우리는 어떤 상황에서도 희망을 선택할 수 있다. 그리고 놀라운 창조력으로 자신의 인생을 디자인할 수 있고, 자기 운명의 운전자가 될 수 있다.

다음으로 세도나 스피릿은 '지구와 교류하는 정신'이다. 붉은 바위들 위로 넓고 깊게 열려 있는 하늘, 강력한 생명력을 내뿜는 향나무와 선인장들, 사막의 밤을 가로지르는 황금빛 보름달, 자연과 조화를 이루며 살았던 아메리카 인디언들의 이야기 이 모든 세도나의 환경이 우리에게 생명체로서의 지구를 느끼고, 지구와 기적, 영적으로 교류할 수 있도록 도와준다. 지구와 교류하는 경험은 제한적이고 유한한 나를 넘어 더 크고 항구적인 힘에 우리를 연결시켜 영적인 충만함과 합일감을 가져다준다. 그리고 자연스럽게 지구 행성의 일원으로서 모든 생명체와 조화롭게 공존하는 지구 중심적인 생활로 우리를 이끌어준다.

마지막으로 세도나 스피릿이 추구하는 새로운 라이프스타일의 특징은 '깨어 있는 삶'이다. 깨어 있는 삶의 핵심은 영성과 일상을 분리하지 않는 것이다. 영성을 일상과 단절된 깊은 산 속이나 신비적인 교의에서 찾던 시대는 지났다. 우리의 일과 사람과 생활과 열정이 촘촘히 얽혀 있는 지금 여기에서 우리를 살아 있게 하는 의미와 가치를 발견하고 창조하고 실현하는 삶, 나는 그것이 진정으로 영적인 삶이라고 믿는다.

깨어 있는 삶을 위해서는 영성을 제도화된 종교나 가치체계와 동일시하지 않는 지혜가 필요하다. 우리가 이미 알고 있듯이, 삶에서 가장 중요한 질문들은 전문가나 시스템이 답해주지 않는다. 그들은 질문을 찾아가는 우리의 여정을 도와줄 수는 있지만, 답을 찾는 것은 언제나 우리 각자의 몫이다. 우리 각자가 자기 삶의 유일한 전문가이고, 작가이고, 권위자다.

나는 지난 삼십 년간 수많은 수행법과 명상테크닉을 연구하고 개발하고 가르쳐왔다. 그러나 요즘에 와서는 역설적이게도 절대 수련을 하지 말라고 강조하곤 한다. 대신 "생활을 하라"고 말한다. 명상을 하기 위해 하루 삼십 분, 한 시간씩 시간을 내야 한다는 생각도 착각이다. 정신없이 바쁜 일상에 명상이 끼어들 틈이 없다는 핑계를 대며, 우리는 삶에서 가장 중요한 질문들을 계속 뒷전으로 미루고 있는지도 모른다. 한 시간에 한 번씩 1~2분씩만 시간을 내어 푸시업이나 스쾃(양발을 좌우로 벌리고 서서 발바닥을 바닥에 붙인 채 등을 펴고 무릎을 구부렸다 폈다 하는 운동), 스트레칭이나 깊은 호흡을 하는 것도 아주 훌륭한 생활 속의 명상이 될 수 있다. 나는 이런 접근이 하루에도 여러 번 힘, 목표, 열정, 균형을 우리 삶에 불어넣기 때문에 영성에 대한 훨씬 건강한 접근이라고 생각한다. 명상은 하루의 일을 다 마치고 지쳐서 돌아온 몸을 위한 보상이나 위로 같은 것이 아니다. 명상은 언제나 지금 이 순간 바로 여기의 삶을 위해 존재하는 것이다.

당신이 세도나에 왔다면 잊지 말고 이 세 가지의 세도나 스피릿을 당신의 삶에 담아라. 세도나 스피릿에서 세도나는 단지 아리조나 북쪽에 위치한 붉은 바위땅만을 뜻하는 것이 아니다. 세도나는 당신의 마음속에 있는 무한한 창조의 공간이며, 당신의 가장 위대한 꿈이며, 당신의 가장 신성한 삶의 순간들이다. 그리고 삶의 가장 힘든 순간에도 언제나 희망을 선택하는 당신의 용기다.

여행을 마치며

매일 새벽 서너 시면 저절로 눈이 떠진다. 아침에 일어나서 가장 먼저 하는 일은 조용히 앉아 호흡을 고르고 브레인스크린을 여는 것이다. 브레인스크린을 통해 내면의 목소리에 귀를 기울이고, 지구의 마음과 교류한다.

호흡을 따라 생명의 리듬을 타고 내면으로 더 깊이 들어가면 내 몸과 주위를 나누는 경계가 사라지고 밝게 빛나는 빛의 알갱이, 생명전자로 가득한 무한한 허공을 만난다. 그 순간 완전한 합일감으로부터 세상 만물을 향한 무한한 사랑과 책임감이 흘러나오는 것을 느낀다.

오늘 내게 또 하루가 주어졌음을 감사하고, 내게 허락된 이 생명을 무엇을 위해 어떻게 쓸 것인지에 대해 명상하고 기도한다. 내가 사랑하고 염려하는 사람들, 나의 꿈과 비전, 모든 생명을 위해 기도하며 나의 생명전자를 보낸다. 우리에게 사랑, 기쁨, 무한한 창조성을 허락해주는 우주의 신성성에 경배한다.

세도나를 떠올릴 때면 언제나 선명하게 펼쳐지는 꿈이 있다. 세도나를 찾는 모든 사람들이 이 곳에서 지구의 마음과 교류하고 자기 안의 위대한 정신과 힘을 자각하는 모습이다. 그리고 그들이 각자 자신의 삶으로 돌아가, 그 자각을 실천하고 함께 나누며 자기 자신과 주변을 더 아름답게 가꾸어가는 모습이다. 마치 세도나의 보이지 않는 볼텍스 에너지가 지구 전체로 퍼져 나가듯이, 이곳 세도나가 선물하는 영감과 메시지가 전 세계로 퍼져 나가는 모습을 브레인스크린에 그려보곤 한다.

세계 어느 곳에 있다 돌아오든 언제나 두 팔 벌려 나를 환영해주는 붉은 땅 세도나에서 나는 지구 어머니의 품, 영혼의 고향에 돌아온 것 같은 안도감과 평화를 느낀다. 나는 언제나 아낌없이 베풀어준 세도나에 내가 진 빚을 아직 다 갚지 못했다고 생각한다. 그 빚을 갚는 유일한 방법은 내 삶의 마지막 순간까지 내가 세도나에서 받은 메시지를, 내가 느낀 지구의 마음을 더 많은 사람들에게 전하는 것이라고 믿는다.

마지막으로 내가 세도나로부터 받은 메시지를 생각하며 쓴 시를 당신과 함께 나누고 싶다.

세도나 메시지

당신이 어떤 길을 통해 이곳에 왔든

당신이 이곳에 온 이유가 있습니다.

지금 당신이 그것을 알아채지 못할지라도.

그러니 귀를 기울이십시오.

세도나가 당신에게 들려주는 이야기를 들으십시오.

황금빛 석양 속에 우뚝 선 늙은 향나무가

당신에게 이유를 알려줄지도 모릅니다.

당신이 지금 삶의 어느 길목에 서 있든

당신의 가슴 속에는 질문이 있습니다.

지금 당신이 그것을 알아채지 못할지라도.

그러니 귀를 기울이십시오.

세도나가 당신에게 들려주는 이야기를 들으십시오.

인디언의 얼굴을 닮은 붉은 바위가

당신에게 질문을 상기시켜 줄지도 모릅니다.

지금 당신 안에서 자라고 있는 질문이 어떤 것이든

당신 안에는 그 질문에 대한 해답이 있습니다.

지금 당신이 그것을 알아채지 못할지라도.

그러니 귀를 기울이십시오.

세도나가 당신에게 들려주는 이야기를 들으십시오.

만월 아래 빛나는 오크 크리크의 강물이

해답을 알려줄지도 모릅니다.

밤하늘을 가득 메운 별들 사이로 코요테가 길게 울 때

오후의 몬순과 함께 천둥 번개가 썬더 마운틴을 흔들 때

그보다 더 큰 소리로 당신을 찾아가는

세도나의 메시지가 있습니다.

지구가 생긴 이래 뭇 생명이 함께 꿈꾸어온 세상이 있습니다.

신과 인간, 하늘과 대지,

산과 바다가 함께 그려온 세상이 있습니다.
늙은 향나무와 붉은 바위와 오크 크리크의 강물이 함께 꾸는 꿈
세도나에 온 친구여, 이 꿈을 가져가십시오.

그 꿈은 당신이 이곳에 온 이유이고
당신의 질문이고 해답일지도 모릅니다.
그 꿈이 당신 안에 있는 가장 위대한 것들을
일깨울지도 모릅니다.
새로운 하늘, 새로운 땅, 새로운 사람
그리고 새로운 삶의 길
신령한 하늘, 풍요로운 땅 위에
뭇 생명이 어울리는 평화의 세상
당신은 이 꿈을 이루기 위해 지구에 온 존재입니다.
당신이 지금 그것을 알아채지 못할지라도.

세도나 볼텍스 명상 가이드

세도나의 주요한 볼텍스에서 하기 좋은 간단한 명상법들을 소개한다. 이 명상법들은 혼자서 해도 좋고, 경험이 있는 가이드의 도움을 받아도 좋다. 아래에 소개한 명상법은 반드시 해당 장소에서만 해야 하는 것은 아니다. 예를 들면, 벨락 수련법으로 소개된 내용을 에어포트 메사나 보인튼 캐년 등 다른 볼텍스에서도 할 수 있다. 굳이 세도나의 볼텍스가 아니라도 어디서든 명상법으로 활용할 수 있다. 감각을 충분히 열어 자기 내면에 집중하면 장소나 상황에 따라 자신에게 무엇이 필요한지 느낄 수 있게 되므로, 그 느낌에 따라 적절한 명상법을 선택하여 수련하면 된다.

준비 수련

기 에너지 느끼기

세도나 볼텍스 명상의 가장 기본은 기氣를 느끼는 것이다. 만약 당신이 아직 기를 체험하지 못했다면 이 수련을 통해 먼저 기를 느껴보라. 몸의 기 감각을 회복했을 때 세도나의 볼텍스 에너지와도 더 쉽게 연결될 수 있기 때문이다.

인간에게는 보이는 육체와 보이지 않는 의식이 있다. 그리고 육체와 의식의 세계를 오가며 끊임없이 정보를 전달하는 매개체인 기가 있다. 기는 몸과 마음을 이어주는 연결고리다. 체험이 깊어지면 우리의 몸과 의식 자체도 결국은 기로 구성되어 있음을 알게 된다.

① 먼저 자리에 편하게 앉아 눈을 감은 채 허리를 바르게 세운다. 약 30초간 두 손바닥을 비비거나 마치 손에서 먼지를 털어내듯이 손목을 위 아래로 털어 손의 감각을 깨워준다.

② 이제 두 손바닥이 위로 향하게 한 후 무릎 위에 올려놓는다. 편안하게 숨을 고른다. 여전히 두 손바닥이 위로 향하게 한 채 서서히 두 손을 무릎에서 10센티 정도 올렸다가 다

시 내리는 동작을 여러 번 반복한다. 의식은 손바닥에 집중한다. 에너지가 허공에서 손바닥으로 계속 내려온다고 생각한다. 손에 묵직한 느낌이 느껴질 것이다. 그것이 바로 기의 느낌이다.

③ 이제 두 손을 천천히 가슴 앞으로 가져가 두 손이 마주보게 한다. 두 손 사이에 10센티 정도 간격을 두고, 의식을 계속해서 손에 집중한다. 이제 두 손을 아주 천천히 벌렸다 오므렸다 해본다. 두 손바닥이 기로 서로 연결되어 있다고 상상한다. 계속해서 두 손을 벌렸다 오므렸다 하면서, 두 손 사이에서 어떤 느낌이 드는지 느껴본다.

④ 이제 두 손바닥 사이에 에너지공이 들어 있다고 상상하고 두 손을 서로 다른 방향으로 움직이면서 에너지공을 굴려본다. 에너지공을 크게도 만들어보고 작게도 만들어본다. 계속 두 손 사이의 느낌에 집중한다.

⑤ 이제 두 손을 천천히 무릎 위로 내린 후, 숨을 들이마시고 내쉰다.

손에서 어떤 느낌이 느껴지는가? 따뜻한 열감, 전류처럼 찌릿찌

릿한 느낌, 두 손이 마치 자석처럼 서로 밀고 잡아당기는 듯한 자력감 등이 느껴질 것이다. 손에서 에너지를 느낄 때 가장 중요한 핵심은 의식을 손에 집중하는 것이다. 동작은 취했지만 마음이 몸에서 떠나 다른 데 집중하고 있다면 에너지를 느끼기 힘들다.

에너지를 느낀다는 것은 그만큼 의식이 몸에 집중되어 있고, 생각이 줄어들었으며, 뇌파가 안정되어 있다는 뜻이다. 이때 우리의 몸은 이완되고 의식은 명료한 '이완된 집중'의 상태가 된다. 그래서 '느낌을 그친다'는 의미에서 이 수련을 '지감止感수련'이라고도 한다. 이런 상태에서 우리 몸의 에너지가 볼텍스의 에너지에 반응하며, 몸과 마음에 더 크고 다양한 에너지 변화를 일으키게 된다.

지감수련을 통해 에너지를 느끼는 감각이 충분히 깊어지면 나중에는 에너지의 느낌을 타고 손이나 몸 전체가 저절로 천천히 움직여지는 아름다운 에너지 춤으로 발전하기도 한다. 또 에너지가 강력하게 발산되면서 태극권이나 기공과 같은 무예 동작으로 발전하기도 한다.

세도나의 어느 볼텍스 지역을 가든지 먼저 지감수련을 통해 몸과 마음의 감각을 연 후에 다음 단계의 수련을 하는 것이 좋다.

벨락

볼텍스 느끼기

이 수련은 소용돌이치는 볼텍스 에너지를 우리 몸에 연결해서 몸의 막힌 혈과 경락을 여는 수련으로, 벨락 아랫부분의 넓고 평평한 곳에서 하는 것이 좋다. 서서 해도 되고 앉아서 해도 되지만 초보자들은 선 자세가 더 편할 것이다.

① 다리를 어깨너비로 벌리고 선 채로 몸에 힘을 뺀다. 눈을 감은 상태에서 머리끝부터 발끝까지 몸의 각 부분을 마음 속으로 훑어 내리며 이완한다. 정수리, 얼굴, 목, 어깨, 가슴, 명치, 아랫배, 고관절, 허벅지, 무릎, 발목, 발바닥 ……. 몸과 마음이 편안해진 상태에서 의식을 계속 몸에 집중한다.

② 이제 발바닥에 의식을 집중한다. 발바닥 아래 벨락의 붉은 바위에서 강력한 볼텍스 에너지가 올라온다고 상상한다. 그 에너지는 소용돌이 모양으로 회오리치면서 당신 몸의 내부와 외부를 돌며 올라간다.

③ 발바닥으로 올라온 에너지가 다리를 지나 무릎, 고관절,

허리로 올라간다. 그 소용돌이치는 움직임에 당신의 몸을 맡겨보라. 양 무릎이 원을 그리며 돌아간다. 고관절과 허리도 돌아간다. 어깨와 팔도 돌아가고 목도 돌아간다. 생각을 멈추고 그냥 기운에 몸을 맡긴 채, 몸이 원하는 대로 움직인다.

몸의 각 관절들이 원을 그리면서 돌아간다. 발목, 무릎, 고관절, 허리, 어깨, 팔목, 손목, 목. 관절을 움직일 때마다 볼텍스의 강력한 힐링 에너지가 관절로 들어와 그 속에 있던 탁하고 정체된 에너지를 밀어낸다고 상상한다. 몸에 불편한 곳이 있으면 그곳을 더 집중적으로 움직인다. 볼텍스의 강력한 힐링 에너지와 연결되면 몸의 자연치유력이 깨어나기도 하고, 근육이나 뼈가 재편성될 수도 있다.

당신을 답답하게 하는 생각과 감정의 에너지를 밀어내고 싶을 때는 몸을 계속 움직이면서 "후~"하고 입으로 숨을 길게 내쉬어라. 숨과 함께 부정적인 에너지들이 밖으로 빠져나갈 것이다.

④ 몸의 움직임이 충분히 자연스럽고 편안해질 때까지 볼텍스 운동을 한 후에 서서히 움직임을 멈춘다. 발바닥이 바위에 붙은 것처럼 느껴질 것이다. 붉은 땅의 힐링 에너지가 발바닥으로 올라와 척추를 지나 정수리를 뚫고 올라간다. 그리

고 하늘에서 내려오는 밝고 신령스러운 에너지가 정수리에서 척추를 타고 내려와 발바닥을 통과해서 땅 속으로 들어가는 것을 상상한다. 정수리 위에서 하늘의 에너지가 내려오고, 발바닥 아래에서 땅의 에너지가 올라온다. 몸의 중심에 하늘과 땅을 잇는 견고한 에너지의 중심이 세워진 것을 상상한다.

대성당 바위

감정 정화하기

먼저 대성당 바위 주위에서 수련을 하기에 적당한 장소를 찾는다. 사람들의 왕래가 많지 않으면서도 물소리가 들리는 계곡 옆의 바위가 좋다. 수련을 하기 전에 가벼운 스트레칭을 하거나, 3~5분 정도 선 자세에서 온몸에 힘을 빼고 무릎을 위 아래로 가볍게 털어서 몸을 이완해준다.

① 바위 위에 반가부좌 자세로 앉아서 눈을 감고 허리를 곧게 세운다. 손바닥을 위로 향하게 해서 무릎 위에 올리고 호흡을 고르며 몸과 마음을 이완한다. 천천히 두 손을 무릎에

서 10센티 정도 들어올린다. 공기 중에서 손바닥으로 부드
러운 에너지가 내려온다고 상상한다. 당신의 감정들을 정
화해줄 부드럽고 포근한 에너지가 머리로, 어깨로, 가슴으
로, 손바닥으로 내려온다.

② 가슴에 집중한다. 어떤 감정이 느껴지거나 기억이 떠오르
기도 할 것이다. 외로움, 슬픔, 초조함, 그리움, 화남 ……. 어
떤 감정이든 억누르려 하지 말고 그대로 느껴본다. 그 감정
과 관계된 어떤 기억이 떠오를지도 모른다. 이제는 떠나보
내고 싶은 기억이나 놓아주고 싶은 특정한 감정을 의식적
으로 떠올려도 좋다.

③ 이제 당신을 힘들게 했던 감정과 기억을 정화해보자. 찰랑
거리며 흐르는 계곡 물소리에 귀를 기울인다. 그 물소리를
귀로 듣는다기보다는 온몸으로 듣는다고 생각한다. 이제
맑은 물이 당신의 정수리로 흘러 들어와 가슴으로 흘러내
린다고 상상한다. 그 맑은 물이 이제는 떠나보내고 싶은 기
억이나 힘든 감정들을 깨끗이 씻어낸다고 상상한다. 마치
갈대가 바람에 흔들리듯이 머리와 몸통을 천천히 좌우로
움직이며 계속해서 물소리로 묵은 감정의 에너지들을 씻어
낸다.

④ 이제 천천히 물 속에 두 손을 담근다. 가슴 속에 있던 감정의 에너지가 팔을 타고 손가락 끝으로 빠져 나간다고 상상한다. 당신을 힘들게 했던 감정의 에너지들을 계곡물에 떠내려 보낸다. 당신을 힘들게 하던 감정과 기억들이 당신을 떠나고, 대신 용서, 감사, 사랑의 감정이 당신의 가슴을 채우는 것을 느낀다.

⑤ 이제 자리에 편안히 앉아서 허리를 바로 세우고, 몸의 느낌과 기운을 모두 아랫배로 모은다. 그 상태에서 아랫배에 기운이 모여드는 느낌에 집중하면서 편안히 호흡한다. 깊고 부드럽게 천천히 호흡을 계속하면서 아랫배에 에너지를 모은다.

에어포트 메사

별빛 수련

에어포트 메사에서는 일출이나 일몰수련을 하면 좋다. 일몰수련을 할 때는 뒤쪽의 쉬네블리 힐 편에서 소개한 석양의 황금빛 에너지로 차크라를 깨우는 수련을 권한다. 여기서는 특히 여름

밤에 하기 좋은 별빛 수련을 소개한다.

① 하늘 가득 별이 보이는 맑은 날 밤에 에어포트 메사에 가서 평평한 곳을 골라 자리에 편안하게 눕는다. 등이 불편하면 타월이나 요가매트를 깔고 누워 하늘을 올려다본다. 얼마 만에 마주 보는 밤하늘인가? 금방이라도 쏟아질 것 같은 별들이 검은 벨벳 위에 흩뿌려놓은 보석들처럼 초롱 초롱 빛나고 있다. 세도나의 밤하늘 아래 누워 있으면, 평소에 당신이 느끼는 시간보다 더 거대한 시간을 느끼고, 당신이 알던 하늘보다 더 큰 공간을 느끼게 된다. 그리고 거대한 우주 속 하나의 생명체인 당신이라는 존재에 대해 그 어느 때보다 진지해진다.

② 이제 천천히 두 손을 들어올려서 별을 만질 듯이 손을 뻗어본다. 별빛이 금가루처럼 부서져 당신의 손가락으로, 손으로 들어온다고 상상한다. 마치 손이 허공에 매달려 있는 것처럼 느껴진다. 별빛의 에너지가 당신의 손을 통해 들어와 팔로, 어깨로, 가슴으로 내려오는 것을 느낀다. 계속해서 별빛의 에너지가 당신의 몸으로 내려오는 것을 느끼면서 에너지를 타고 두 손을 천천히 움직이면서 별과 함께 춤을 춘다. 별빛이 당신의 몸을 가득 채우고 있다.

③ 별들 중에 가장 밝게 빛나고 마음에 끌리는 별을 하나 고른다. 이제 두 손을 천천히 내려 아랫배 위에 포개 올린다. 살며시 눈을 감고 그 별이 당신에게 내려오는 것을 상상한다. 별빛이 당신의 이마를 통해 머리 속으로 들어오고 있다. 그 별빛이 머리 속으로 들어와 당신의 신성의 빛을 깨운다. 머리 속이 밝은 빛으로 가득 찬 느낌이다. 이제 별에게 묻는다. 나는 누구인가? 별이 어떤 대답을 하는가? 당신의 마음속에 있는 이야기를 별에게 해보고, 별이 들려주는 이야기에 귀를 기울인다. 우주의 무한한 생명 에너지가 당신의 몸으로 내려오고 있다. 깊고 편안하게 호흡하면서 우주에 가득한 생명 에너지를 받아들인다. 몸속에 생명 에너지가 점점 차오르는 것이 느껴진다.

오크 크리크 캐년

물소리 명상

① 계곡물 소리가 들리는 한적한 곳에 편안히 앉는다. 눈을 감고 허리를 곧게 펴고 호흡을 고른다. 몸의 감각을 열어 들려오는 소리에 집중한다. 계곡물 소리가 들릴 것이다. 편

안하게 집중하면 물 흐르는 소리가 더 크고 가까이 들릴 것이다.

② 계곡물이 당신의 머리끝부터 발끝까지 몸속을 뚫고 지나 간다고 상상한다. 이때 물이 막힘이 없이 잘 흘러가는 느낌 이 들기도 하지만, 머리나 어깨, 가슴, 명치 등 어느 곳에 막 히는 느낌이 들기도 할 것이다. 그곳의 에너지 순환이 좋지 않다는 뜻이므로 막히는 느낌이 있는 곳에 의식을 더욱 집 중해준다.

③ 이제 정수리에 마음을 집중한다. 맑은 계곡물이 정수리로 쏟아지고 있다. 물이 정수리를 통과해서 당신의 머리 속으 로 내려오는 것을 상상한다. 뇌 속에 마음을 집중한다. 뇌 속의 부정적인 생각들과 에너지가 맑은 물에 씻겨 나가고 있다. 이제 맑은 물이 얼굴과 목, 가슴을 뚫고 지나가며 씻 어준다. 이마, 눈, 코, 입, 턱, 목, 가슴에 마음을 집중하고 가 슴 속에 있던 답답한 에너지가 물과 함께 씻겨 내려간다고 상상한다.

④ 이번에는 몸통과 장기臟器들에 의식을 집중한다. 한의학에 서는 장기가 감정과 밀접하게 연관되어 있다고 본다. 물소

리의 파장을 장기에 연결해서 감정의 에너지를 씻어 내린다. 심장, 폐, 위장, 간, 신장, 대장, 소장 등 각 장기에 1분 정도 머무르며 맑은 물소리가 해당 장기를 깨끗하게 정화하는 것을 상상한다. 이제 물이 허리와 골반, 다리까지 씻어주며 흘러내리고 있다. 정수리부터 발끝까지 몸의 안과 밖에 있는 모든 탁한 기운이 깨끗이 씻겨 나간다.

홀리 크로스 채플

기도하기

홀리 크로스 채플의 소박한 경건함은 누구라도 기도를 올리고 싶은 마음이 들게 한다. 초에 불을 밝히고 자신의 마음속에 있는 가장 간절한 기도를 올려본다. 다음에 소개하는 기도법은 어떤 장소에서 어떤 기도를 올리든지 염두에 두면 좋다.

지금 이 순간에 존재하기(Presence) : 몸과 마음이 온전히 지금 이 순간에 머물도록 한다. 과거나 미래, 해야 했던 일이나 해야 하는 일에 대한 생각을 마음이 따라가지 않게 한다.

평화의 마음으로 기도하기(From Peace) : 언제나 평화의 마음으로 기도를 올린다. 물론 기도의 목적도 평화라야 하겠지만, 중요한 것은 기도를 올리는 지금 당신의 마음이 평화로워야 한다는 것이다. 탐욕이나 분노, 두려움, 질투심, 증오심 등으로 기도하는 사람들도 있다. 그런 감정들이 올라오면 그런 감정들 대신 당신의 마음에 평화가 되돌아올 수 있게 해달라고 기도한다.

가지런히 하기(Alignment) : 영적, 기적, 육체적으로 가지런함을 유지한다. 영적인 차원에서는 나의 기도가 평화와 사랑의 마음에서 나온 것인지 되새겨본다. 기적인 차원에서는 깊고 편안하게 호흡하며 온몸에 에너지를 느끼면서 기도를 올린다. 육체적인 차원에서는 허리를 바로 세우고 자세를 바르고 경건하게 한다.

실제처럼 느끼기(Feeling as real) : 자신이 기도하는 내용이 사실적으로 느껴질수록 기도는 더 깊어진다. 자신의 기도가 실현되면 어떤 느낌이 들까? 바로 그 느낌을, 기도를 올리는 지금 이 순간에 생생하게 느껴본다.

평정을 유지하기(Constancy) : 기도하는 중 의심이나 두려움의 목소리가 의식의 집중과 마음의 평정을 깨뜨릴 수 있다. 이러한 목소리를 부정하거나, 이 목소리와 논쟁하는 것, 무시하거나 억누르는 것은 도움이 안 된다. 그대로 인정하고 느끼며, "나는 이것을 근원으로 돌려드립니다"라고 말하면서 호흡을 내쉰다. 필요하면 몇 차례 반복할 수 있다. 부정적인 목소리들이 가라앉고 평정이 회복되는 것을 느낄 수 있다.

감사하기(Gratitude) : 기도를 드리는 까닭은 우리가 원하는 꿈이나 소원이 있기 때문이다. 그런 꿈들이 우리의 삶을 열정적이고 창조적이게 한다. 기도하는 동안 기도할 수 있음에 감사드린다. 감사가 온 마음에 가득 차 오르도록 한다.

쉬네블리 힐

차크라 빛 명상

쉬네블리 힐은 차크라 빛 명상을 하기에 좋은 곳이다. 특히 저 멀리 너른 한마당 바위가 내려다보이는 언덕에 앉아 있으면, 붉은 바위들이 양 옆과 뒤쪽을 병풍처럼 둘러싸고, 당신은 그 중심에 들어앉아서 쏟아져 내리는 햇살 속에서 태양과 일대일로 만나는 기분이 든다.

빛 명상은 인체의 차크라를 깨울 수 있는 아주 강력한 수련이다. 차크라 빛 명상을 할 때 가장 중요한 것은 호흡이다. 호흡을 통해 공기 중의 생명 에너지를 몸 안으로 끌어들여 각각의 차크라를 활성화할 수 있다.

하루 중에 빛 명상을 하기 좋은 때는 일출과 일몰 시간이다. 이때의 빛은 특히 6번 차크라와 연관된 뇌 속의 뇌하수체와 송과선을 자극해서 영적인 에너지를 최고로 고양시킨다.

먼저 세도나의 자연의 색깔들을 활용한 차크라 색깔 명상을 해보자.

① 먼저 간단하게 몸을 풀고 반가부좌 자세로 앉는다. 허리를 곧게 펴고 두 손은 위로 향하게 해서 무릎 위에 올려놓는다. 눈을 감은 채 어깨와 가슴에서 힘을 빼고 호흡을 가다듬으며 온몸을 이완한다. 준비가 됐다고 느껴지면 살며시 눈을 떠서 주위를 둘러본다. 당신 주위에 무엇이 보이는가? 그 색깔들을 유심히 살펴보라. 당신 주위에 펼쳐진 대자연 속에 있는 색깔들을 호흡과 함께 당신의 차크라로 끌어당겨 보자.

② 먼저 1, 2, 3번 차크라를 자극하는 붉은색을 찾아보라. 땅

의 에너지가 소용돌이치며 올라오는 세도나의 바위와 흙의 붉은색은 이들 차크라를 깨우기에 가장 적합하다. 1번 차크라 회음을 통해 붉은 빛깔의 땅의 에너지가 당신의 몸으로 들어온다고 상상한다. 그 에너지가 2번 차크라 아랫배로 올라온다. 아랫배로 깊게 호흡하면서 붉은 색깔을 아랫배로 빨아들인다. 땅의 붉은 색깔을 기억한 채 눈을 감고 호흡하면서 1번과 2번 차크라가 점점 붉게 빛나는 것을 상상한다. 1, 2번 차크라가 활성화되면서 왕성한 생명력과 활력이 증가한다.

③ 이제 3번 차크라, 명치에 있는 태양신경총에 집중한다. 아랫배에 있던 붉은 에너지가 3번 차크라로 올라오는 것을 상상한다. 3번 차크라로 계속 호흡하면서 마치 공기를 주입해서 풍선을 불듯이 공기 속의 생명 에너지를 명치 쪽에 불어넣는다. 이제 눈을 감고 3번 차크라에 집중하면서 명치 쪽이 주홍빛으로 밝게 빛나는 것을 상상한다. 3번 차크라가 활성화되면서 의욕과 자신감이 솟는다.

④ 다음은 4번과 5번 차크라를 힐링할 수 있는 녹색을 찾아보라. 향나무와 소나무의 녹색을 4번 차크라인 가슴으로 끌어당기면서 호흡한다. 숨과 함께 녹색의 에너지가 가슴 가

득 들어와서 가슴이 팽창한다. 내쉬는 숨을 통해 가슴 속에 있던 답답하고 무거운 에너지가 밖으로 빠져 나간다. 숨을 들이마실 때는 코로 들이마셔 공기로 가슴을 채우고, 내쉴 때는 입으로 "후~" 하고 길게 내쉬면서 가슴 속의 탁한 기운들을 모두 내뱉는다. 가슴이 어느 정도 시원해지면 그 다음부터는 숨을 내쉴 때 자연스럽게 코로 내쉰다. 이제 눈을 감고 나무의 녹색 에너지를 상상하면서 계속 가슴으로 호흡한다. 가슴에서 순수한 사랑의 에너지가 퍼져나간다.

⑤ 이제 5번 차크라가 있는 목에 집중한다. 5번 차크라는 갑상선이 있는 부분으로, 격한 감정의 에너지가 뇌로 올라가지 못하도록 조절하고 정화하는 역할을 한다. 5번 차크라가 약해지면 감정을 조절하기 힘들고 감정의 에너지가 갑상선에 무리를 준다. 호흡과 함께 나무에서 퍼져 나오는 녹색의 힐링 에너지를 빨아들여 5번 차크라를 힐링한다. 눈을 감고 녹색을 떠올리면서 목 안이 밝은 청록색으로 바뀌는 것을 상상한다.

⑥ 6번과 7번 차크라는 푸른색의 하늘빛을 끌어당겨 힐링한다. 먼저 하늘의 푸른빛을 이마 한가운데 있는 제3의 눈으

로 끌어당긴다. 제3의 눈을 통과한 푸른빛이 뇌의 중심에 있는 6번 차크라로 계속 들어오는 것을 상상한다. 6번 차크라가 깨어나면서 얼굴 가득 잔잔한 미소가 번진다. 이제 하늘의 푸른빛을 기억하며 눈을 감는다. 이마 앞에서 푸른빛이 제3의 눈을 통해 들어와 뇌 전체를 푸른빛으로 가득 채우는 것을 상상한다. 6번 차크라가 활성화되면서 영적인 각성과 함께 통찰력과 직관력이 높아지며 신성의 에너지가 깨어난다.

⑦ 6번 차크라의 에너지가 활성화되면 저절로 7번 차크라에 영향을 준다. 눈을 감은 채 제3의 눈으로 들어온 푸른빛이 뇌를 활성화시켜 7번 차크라인 정수리를 뚫고 나가는 것을 상상한다. 6번 차크라가 각성된 느낌을 그대로 정수리로 연결하면 된다. 이번에는 정수리 위에서 푸른 빛의 에너지가 나선형으로 소용돌이치며 뇌 속으로 빨려 들어오는 것을 상상한다. 정수리 부분이 묵직하게 느껴지기도 하고 뻥 뚫린 듯한 느낌이 들기도 한다. 7번 차크라인 정수리로 들어온 빛이 1번 차크라인 회음까지 일직선으로 연결되는 것을 상상한다. 완전한 조화와 통합을 느낀다.

다음은 세도나의 석양빛을 이용한 차크라 명상이다.

쉬네블리 힐에서 해가 질 무렵, 황금빛으로 빛나는 노을빛은 놀라운 힐링 에너지를 담고 있다. 특히 4번 차크라 가슴과 6번 차크라 뇌를 깨우는 황금빛의 마술이 짧은 시간 동안 펼쳐진다. 해가 지기 30분 전에는 이곳에 도착해서 스트레칭을 하며 몸을 풀고 준비를 하는 것이 좋다.

① 반가부좌 자세로 앉거나 두 발을 어깨너비로 벌리고 선다. 해가 지평선으로 지기 시작하면 황금빛의 햇살이 눈앞까지 다가와 있다. 두 팔을 앞으로 뻗어서 손바닥이 노을을 향하게 한다. 황금빛 에너지가 손바닥으로 들어와 4번 차크라 가슴까지 들어오는 것을 상상한다. 가슴에 황금빛의 에너지가 가득 들어차며 가슴이 힐링되고 순수한 사랑의 에너지가 깨어난다. 두 손을 아주 천천히 움직이며 황금빛 에너지 속에서 손으로 춤을 춰도 좋다.

② 이제 천천히 동작을 멈추고 명상 자세로 앉는다. 너무 눈이 부시면 눈을 감는 것이 좋다. 황금빛을 양 눈썹 사이 제3의 눈으로 받는다. 황금빛 에너지가 뇌 안을 가득 채우며 6번과 7번 차크라가 깨어난다. 황금빛이 정수리부터 회음까지 관통하면서 온몸을 감싸는 것을 상상한다.

페이 캐년

나무와 교류하기

페이 캐년은 보인튼 캐년과 더불어 숲이 우거지고 오래된 나무
가 많아 나무와 교류하는 수련을 하기에는 더없이 좋다. 계곡을
걸어 들어가면서 마음에 드는 나무 한 그루를 골라본다. 너무
작은 나무는 피하고 어느 정도 크고 듬직한 나무를 고른다. 왠
지 마음에 끌리는 나무가 있을 것이다.

① 나무를 골랐으면 나무에게로 다가가, 손으로 뻗으면 잎사
귀가 닿을 수 있는 거리에서 멈춰 선다. 먼저 나무에게 당
신을 소개한다. 마음속으로 해도 되고, 주위에 다른 사람
이 없으면 소리를 내도 된다. 마음속으로 그 나무에 대한
첫 느낌을 이야기해본다. "바람에 흔들리는 잔가지들이 꼭
내게 손을 흔드는 것 같았어." "크고 우람한 등치가 믿음직
스럽고 마음에 들었어." 떠오르는 대로 느껴지는 대로 당신
의 마음을 나무에게 표현해본다. 그러다 보면 나무와의 사
이에 어떤 유대감이 생기기 시작한다.

② 이제 두 손을 천천히 들어 나뭇잎의 에너지를 느껴본다. 직

접 만지지는 말고 나뭇잎과 손 사이에 약간의 공간을 두고 나뭇잎의 에너지를 손으로 느껴본다. 손바닥으로 나뭇잎을 쓸어주듯이 움직이면서 손에서 나오는 에너지를 나무에 보낸다. 나무의 초록빛 에너지가 당신의 손바닥으로 들어와 팔로, 어깨로, 온몸으로 퍼져 나간다.

③ 이제 두 손을 마주보게 해서 가슴 앞으로 가져간다. 지감 수련을 하면서 두 손 사이의 에너지를 느껴본다. 손동작과 함께 호흡을 시작한다. 두 손을 양쪽으로 넓게 벌리면서 숨을 들이마시고, 가운데로 가까이 모으면서 숨을 내쉰다. 이제 숨과 함께 나무의 에너지가 당신에게 들어온다. 숨을 천천히 들이마시면서 나무의 신선한 산소와 에너지를 당신의 몸으로 쑤욱 받아들인다. 숨을 천천히 내쉬면서 몸속의 탁한 에너지를 내뱉는다. 계속 이 동작을 반복하면서 나무의 순수하고 건강한 생명력이 당신에게 옮겨오고 있다고 상상한다. 나무의 에너지가 당신의 몸으로 들어와 막힌 곳을 열고 온몸의 에너지 순환을 더욱 활발하게 한다.

보인튼 캐년

온몸으로 걷기

보인튼 캐년은 산책로가 대체로 평평하고 산책로 주위에 신선한 에너지를 내뿜는 키 큰 나무가 많아 걷기 명상을 하기에는 안성맞춤이다.

바쁜 도시 생활에 익숙해지다 보면 하루에 단 한 차례도 발바닥을 느끼기 어렵다. 걷는 일도 드물거니와, 설령 걷는 일이 있다 하더라도 생각이 온통 머리 쪽으로 쏠려 있어서 발바닥까지 관심이 미치지 않는다. 그러다보니 땅과 점점 멀어지고, 땅이 길러내는 다른 생명에 대한 관심도 자꾸 줄어들게 된다.

① 먼저 자연스럽게 몸의 힘을 빼고 두 발로 바르게 선다. 바닥에 빈틈없이 밀착하는 느낌이 들도록 자세를 잡아본다. 이렇게 서서 가만히 발바닥에 집중하고 있으면 어느 순간 발바닥으로 몸 전체의 무게가 느껴진다. 아무 걸림 없이 몸의 무게가 고스란히 발바닥으로 전달되는 그 감각을 찾아본다. 발바닥을 통해 땅으로 전해지는 내 몸의 무게 그리고 그 무게를 받쳐주는 대지의 힘이 느껴진다.

이 느낌은 단지 물리적인 무게감이나 압력 같은 것이 아니다. 생생한 생명의 느낌이다. 내가 여기 이렇게 살아 있다는 생생한 존재감, 내 몸과 생명을 지탱해주고 있는 땅에 대한 감사와 겸손의 마음이 저 깊은 곳에서 우러난다.

② 발바닥의 느낌이 강해질수록 하늘을 향하고 있는 머리 끝 정수리의 느낌도 강해진다. 아래로는 땅이 나를 든든하게 받쳐주고 있다. 위로는 무한한 허공이 나를 향해 열려 있다. 두 발로 서서 그 하늘과 땅을 잇고 있는 내 몸을 느낀다. 아래로는 굳건한 다리와 에너지로 충만한 아랫배가 느껴진다. 위로는 시원하게 열린 가슴과 청량한 머리가 느껴진다.

③ 그 상태에서 자신의 몸과 숲 속의 생명에 감각을 열어놓은 채 천천히 걷는다. 이때 계속 발바닥에 집중하며 발바닥의 감각을 잃지 않고 걷는 것이 중요하다. 그리고 따뜻한 햇살, 살갗에 와닿는 바람의 느낌, 신선한 숲의 냄새, 산짐 승들이 바스락거리는 소리, 새들이 지저귀는 소리, 나의 숨소리, 심장이 뛰는 느낌, 촉촉하게 배어나오는 땀, 머릿속을 오가는 온갖 생각과 기억, 감정들 …… 그 모든 것을 함께 느껴본다. 느낌이나 생각을 통제하거나 붙잡으려 하지 말고 떠오르면 떠오르는 대로, 사라지면 사라지는 대로 그냥 바라본다.

이 상태로 계속 걷다보면 생각이나 감정이 잦아들고, 자신이 숲 전체와 깊이 연결된 느낌을 갖게 된다. 이렇게 걷기 명상을 할 때 는 꽃과 나무, 바람과 물 등 숲 전체에 마음을 써야지 무엇인가 를 인식해야겠다는 욕심으로 신경을 곤두세우거나 자기 자신에 게만 집중하면 자연을 제대로 느낄 수 없다. 눈과 귀를 한 곳에 고정시키려는 의도를 놓아버릴 때 숲 전체가 뿜어내는 기운을 느낄 수 있다. 이때 나무 한 그루, 꽃 한 송이가 아니라 숲 전체를 느끼게 된다.

 샤먼스 케이브(천화 동굴)

스피리추얼 바디 수련

이 수련은 초보자들에게는 어려울 수도 있으나 영적인 감각이 깨어난 사람들에게는 매우 강력한 특별한 수련이다.

① 천화 동굴 안에서 편안하게 앉아 허리를 펴고 어깨에 힘을 뺀다. 천천히 숨을 들이쉬고 내쉰다. 두 손을 무릎 위에 편 안하게 내려놓는다.

② 저 멀리 시크릿 마운틴을 바라본다. 눈에 힘을 빼고 시크릿 마운틴의 능선이 하늘과 맞닿는 부분을 편안하게 바라본다. 이제 눈을 감고 시크릿 마운틴의 가장 마음에 드는 능선에 자기 자신이 앉아 있다고 상상한다. 당신의 스피리추얼 바디가 거기에 앉아 있다. 육체와 인격이 있기 전의 순수한 생명의 상태로 자신이 그곳에 앉아 있다고 상상한다. 당신의 스피리추얼 바디가 시크릿 마운틴 전체를 덮을 만큼 큰 에너지를 내뿜으며 앉아 있다. 당신의 스피리추얼 바디에서 거룩함과 당당함, 충만함이 느껴진다. 당신의 스피리추얼 바디가 지금 천화 동굴에 앉아 있는 당신을 마주 바라보고 있다.

③ 당신의 스피리추얼 바디의 힘찬 심장 박동이 허공으로 퍼져나간다. 그 심장 박동이 천화 동굴에 앉아 있는 당신의 심장으로 전해진다. 당신의 심장은 더 힘차고 건강하게 뛴다. 살아 있다는 느낌, 충만한 존재감이 온몸을 가득 채운다. 우리 몸의 가장 강력한 생명현상 중의 하나인 심장박동 소리를 들으며, 숨을 쉬고 있는 자기 자신을 느끼며 스스로에게 묻는다.

'이곳에 앉아 있는 나는 누구인가? 나는 지금 무엇을 원하고 있는가?'

우리는 때로 왜소하고 편협해지지만 그것이 우리 모습의 전부가 아니라는 것을 안다. 우리는 수많은 생각과 감정과 습관을 가지고 있지만, 동시에 그것을 벗어나서 스스로를 바라볼 수 있는 또 다른 눈과 마음을 가지고 있다. 살면서 힘들거나 외로울 때면, 시크릿 마운틴에 앉아 있는 거룩하고 담대한 당신의 스피리추얼 바디를 상상한다. 그 스피리추얼 바디의 심장과 자신의 심장을 연결하여 생명력을 전달받는다.

생명전자 브레인스크린 명상

생명전자는 우주의 근원에서 나온 가장 순수하고 밝은 빛이며, 우주 만물의 실체이다. 이 빛은 누구에게나 있지만 일깨워주지 않으면 있어도 있는 줄을 모른다. 특히 분주한 일상에 쫓겨 바쁘게 살아가다 보면 정작 중요한 자신의 참모습을 놓치고 만다.

자주 보면 자주 생각하게 되고, 자주 생각하면 나중에는 눈을 감고도 볼 수 있게 된다. 생각하거나, 보거나, 떠올리거나, 상상하거나 생명전자 태양에 주의를 기울이는 순간, 생명전자의 에너지는 소리 없이 전달된다. 생명전자의 에너지는 몸과 마음을 평온하게 해주며, 머리를 맑게 해주고, 좋은 아이디어와 창조적인 영감을 불러온다.

명상 1

생명전자 에너지 명상

다음은 생명전자 태양 그림을 활용한 명상이다. 이 책의 168쪽에 있는 생명전자 태양 그림을 참조하기 바란다.

① 목과 등을 바로 세우고 편안하게 앉는다.

② '생명전자 태양' 그림을 1분간 바라본다. 이때 너무 잘 보기 위해 애를 쓰거나 긴장하지 않도록 주의한다. 집중하다 보면 그 이미지 속으로 쑥 빨려 들어가는 느낌이 들기도 한다. 또 붉은 원이 주변으로 한없이 확장되는 느낌이 들기도 한다.

③ 이번에는 눈을 감고 생명전자 태양을 1분간 재현해본다.(집중력을 키우고 싶다면 눈을 뜨고 보고, 눈을 감고 재현하는 과정을 계속 반복해도 좋다.)

④ 재현한 뒤에는 눈을 감은 그대로, 생명전자의 밝은 빛이 정수리로 들어와서 온몸으로 흘러내리는 모습을 상상한다.

⑤ 편안하게 호흡하면서 몸의 각 부분에 집중한다. 찬란한 빛이 머리, 이마, 눈, 코, 입, 혀, 목, 어깨, 팔, 손끝의 순서로 쑥 흘러내리면서 탁한 기운을 녹여버린다고 상상한다. 다시

생명전자의 빛이 머리, 이마, 눈, 코, 입, 혀, 목, 가슴, 복부, 옆구리, 허리, 엉덩이, 다리, 발끝의 순서로 흘러내리면서 몸 안의 탁한 에너지가 쭉쭉 빠져나간다고 상상한다.

⑥ 빛으로 샤워를 한 것처럼 몸이 가뿐해지고 입안에 단침이 고이는 것을 느껴본다.

⑦ 이제 맑은 정신으로 자신이 바라는 가장 이상적인 모습을 1분간 상상해본다.

⑧ 미래로 가서 내가 이루고 싶은 꿈을 이루고 기뻐하는 모습 이나 당면한 문제들을 지혜롭게 극복하고 아주 뿌듯해하 는 자기 자신을 바라본다.

⑨ 마음에 흡족한 느낌이 들면 심호흡을 세 번 하고 천천히 눈을 뜬다. 두 손을 비벼 목과 얼굴을 쓸어준다.

눈을 감았을 때 '생명전자 태양'이 잘 보이지 않는다고 초조하게 생각할 필요는 없다. 처음에는 캄캄할 수도 있다. 또 이미지가 느 껴지지만 모양이나 그림이 떠오르지 않을 수도 있다. 하지만 연 습하다보면 입체적으로 생생하게 보일 때가 온다. 중요한 것은 자신의 뇌를 믿고 계속 반복하는 것이다.

명상 2

브레인스크린 비전 명상

다음은 브레인스크린과 생명전자를 활용한 비전명상이다. 아침 저녁으로 5분씩만 시간을 내어 이 명상을 생활화해보라. 당신이 원하는 자기 자신으로 스스로를 재창조하는 데 많은 도움이 될 것이다.

1단계 : 목표 정하기

① 자신이 무엇을 원하는지를 정한다.

② 그 목표가 자기뿐 아니라 다른 사람에게도 유익한지, 최소한 다른 사람에게 해가 되지는 않는지를 확인한다. 할 수 있는 한 자신의 소원이 모든 사람들을 위한 최고의 선과 연결되도록 한다.

③ 자신의 목표를 '자기선언문' 형태로 만든다. 자기선언문은 간결하고 명료하고 긍정적이며 현재형으로 만든다. 몇 가지 예를 들어본다. "나는 내 일을 사랑한다. 일의 의미로나 보수로도 충분히 보상받는다!" "나는 건강하고 풍족한 삶을 살고 있다!" "나는 남편과 날마다 더 행복하고 성취감을 주는 관계를 만들어간다!"

2단계 : 브레인스크린을 위한 최적의 에너지 상태 만들기

① 가벼운 스트레칭 등으로 몸을 이완한다. 머리를 좌우로 가볍게 흔들어서 목의 긴장을 풀고 두 손으로 가볍게 주먹을 쥐고 아랫배를 두드려서 의식을 아랫배로 모은다(뇌파진동).

② 이것은 브레인스크린이 작동할 수 있는 최적의 에너지 상태를 만드는 데 도움을 준다. 이 동작을 하면 머리는 시원해지고, 아랫배는 따뜻해지는 것을 느낄 수 있다(물 기운은 올라가고 불 기운은 내려가는 수승화강水昇火降의 상태). 마음은 평화롭고 균형 잡힌 느낌이 들 것이다. 평화로운 마음의 느낌은 교란신호가 없는 선명하고 안정적인 브레인스크린을 만드는 데 도움을 준다.

3단계 : 생명전자 흐름과 연결하기

① 반가부좌 자세로 앉아 허리를 바로 세운다. 머리끝이나 양 눈썹 사이 제3의 눈으로 생명전자의 밝은 빛 알갱이가 쏟아져 들어오는 것을 느낀다. 그 빛 알갱이가 머리 속을 통과해 목, 가슴을 지나 아랫배까지 내려오는 것을 상상한다.

② 양손을 들어올려 기 에너지를 느낀다. 양손 사이에 흐르는 기 에너지가 온몸을 가득 채우는 것을 느낀다.

③ 당신의 몸, 마음, 영혼, 자연 그리고 온 우주가 같은 재료, 곧 당신이 지금 손으로 느끼고 있는 그 에너지로 이루어져

있다는 것을 기억하라. 당신이 지금 에너지를 느끼는 이 순간 당신이 온 우주와 연결되어 있음을 기억하라.

④ 양손을 가슴 앞에서 모으거나 무릎 위에 편하게 내려놓고, 그 자세에서 자신의 자기선언문을 외운다. 소리는 내지 않아도 된다. 자기선언문에 자신의 가슴이 공명하는 느낌, 자기 내면에서 그것을 인정하고 받아들이는 느낌을 갖는다.

4단계 : 목표를 이미지화하고,
에너지를 통해 이미지의 느낌을 구체화하기

① 계속 생명전자의 흐름을 느끼면서 자신이 원하는 것을 브레인스크린에 그린다. 지금 이 순간, 당신은 자신의 소원을 전 우주로 방송하고 있음을 기억하라. 당신의 브레인스크린은 360도 입체 영상이다. 위, 아래, 좌, 우 당신이 상상할 수 있는 주위의 공간 전체가 브레인스크린이다.

② 손을 자유롭게 움직이면서, 자신이 손에서 느끼는 에너지의 느낌을 통해 당신이 브레인스크린에 그리고 있는 그 영상의 느낌을 5감화하고, 구체화하라.(마치 아이패드와 같은 태블릿PC를 사용한다고 생각하고, 손으로 여러 가지의 애플리케이션들을 당신 주위의 공간 전체를 사용해서 열고 닫고 위치를 바꾸고 하는 것을 상상해보라.)

③ 단순히 볼 뿐만 아니라 촉각으로 느끼고, 청각으로 듣고,

냄새와 맛까지도 느껴보라. 당신의 목표가 성취된 것을 축하하는 사람의 목소리, 악수하는 손의 느낌까지 느껴보라. 당신이 브레인스크린에 그리는 상의 느낌이 구체적일수록 당신의 비전명상은 더 강력해진다.

5단계 : 깊이 감사하고 환희심으로 마무리하기

① 천천히 양손을 가슴 앞에 모은다. 하느님, 부처님, 신성, 참자아 …… 이름을 무엇이라 부르든 이 모든 것을 허락한 절대적인 존재에게 감사한다. 당신이 원하는 것을 현실화하는 과정이 이미 시작되었다는 사실, 우주적인 시야에서는 이미 이루어졌다는 사실에 대해 깊은 환희심과 감사함을 느낀다.

② 손을 천천히 양 무릎 위에 내리고, 의식을 아랫배로 모은다. 심호흡과 함께 명상 또는 기도를 마친다.

명상 3

브레인스크린으로 생명전자 보내기

생명전자는 시간과 공간을 초월하여 이동할 수 있다. 우리는 다른 사람에게 생명전자를 보낼 수 있고, 또한 받을 수 있다. 사랑하는 사람에게, 멀리 있는 가족에게, 아픈 친구에게 생명전자를 보내고 싶을 때는 조용히 마음을 가라앉히고 순수하고 진실한 마음으로 상대방을 떠올려본다. 마음을 모아 상대방에게 집중하는 그 순간, 생명전자가 전달된다.

생명전자를 보내는 방법은 여러 가지가 있다. 평온한 마음으로 앉아서 할 수도 있고, 서서 할 수도 있다. 미리 전화를 걸어서 상대방에게 생명전자를 보낼 테니 편안하게 명상을 하라고 할 수도 있고, 몸이 좋지 않은 특정 부위를 물어서 그곳에 생명전자를 보내줄 수도 있다.

외국에 나가 있는 딸에게 특정한 시간을 정해두고 그 시간에 정기적으로 생명전자를 보내줄 수도 있고, 혼자 조용히 명상을 하면서 눈치 채지 못하게 생명전자를 보내줄 수도 있다. 또 브레인스크린을 활용해 여러 사람에게 동시에 보낼 수도 있다. 떠오르는 사람이 많다면 아래와 같이 브레인스크린을 활용해보자.

① 척추와 허리를 바로 세우고 편안한 자세로 앉는다. 양손을 손바닥이 위로 향하도록 무릎 위에 올려놓고 눈을 감는다. 조용히 눈을 감고 호흡에 집중한다. 깊은 숨을 규칙적으로 천천히, 자연스럽게 쉬어본다.

② 마음이 고요해지면 전방에 커다란 스크린이 있다고 상상한다. 이 스크린은 생명전자의 입자로 이루어진 '빛의 화면', 브레인스크린이다.

③ 브레인스크린에 초대하고 싶은 사람의 이름을 한 명씩 불러본다. 마음의 눈으로 호명한 사람의 얼굴을 떠올린다.

④ 마음을 집중하면 그 사람의 건강하지 않은 몸의 부위나 현재 처한 어려움, 해결해야 할 문제가 느껴지기도 한다. 이러한 느낌은 시각이나 청각, 스치듯 떠오르는 생각 등으로 다양하게 나타난다.

⑤ 이제, 조용히 마음속으로 하거나 양손을 앞으로 뻗어 브레인스크린에 초대한 사람들에게 사랑의 생명전자를 보낸다.

⑥ 생명전자를 받은 사람들의 표정이 점점 환해지는 것을 느껴본다.

⑦ 이때 갑자기 누군가에게 하고 싶은 이야기가 떠오르기도 하고, 문제 해결을 위한 아이디어와 영감이 떠오르기도 한다.

⑧ 수련 중에 떠오른 생각이나 아이디어는 노트에 기록해두고 바로 실행해본다.

⑨ 생명전자를 전달한 사람과 앞으로 전달하고 싶은 사람을 노트에 적어두고, 생각날 때마다 사랑의 생명전자를 보낸다.

브레인스크린은 생명전자를 주고받는 일종의 송수신 장치다. 빛을 모으는 돋보기처럼 브레인스크린을 통해 강력한 생명전자의 에너지를 보낼 수 있다. 단, 브레인스크린과 생명전자는 반드시 사랑의 마음으로 사용한다. 남을 해하려는 마음으로 다른 사람에게 재난을 가져오는 상상을 하거나 부정적인 에너지를 보내면 그 에너지가 결국 자신에게 돌아온다는 것을 명심하자.

나를 찾아 떠나는 깨달음의 여행

세도나 명상여행

가슴을 열어주는 푸른 하늘과 붉은 바위
몸과 마음을 치유하는 볼텍스 힐링에너지
아름다운 빛의 도시 세도나가 당신을 기다립니다!

세도나 명상여행은 최고의 명상가이드와 함께 세도나의 볼
텍스 지역을 돌아보며 나를 찾아 떠나는 깨달음의 여행입니
다. 세도나를 스쳐지나가는 것이 아니라 며칠간 머무르며 세
도나의 벨락, 대성당 바위 등 세도나의 대표 볼텍스를 직접
느끼고 체험할 수 있으며, 지구의 속살을 볼 수 있는 그랜드
캐년 등을 둘러보고, 세도나 마고 리트릿센터의 깊이 있는 명
상 프로그램을 통해 지구를 가까이 느끼고 자신 안에 있는
영혼과 신성을 만날 수 있습니다.

아름다운 빛의 도시 세도나를 직접 느끼고 체험할 수 있는
세도나 명상여행. 세도나는 아름답지만 세도나보다 더 아름
다운 당신의 영혼을 만나는 여행입니다.

명상여행사 02-558-1785 www.meditationtour.co.kr

THE CALL OF SEDONA

세도나 스토리

초판 1쇄 인쇄 2011년(단기 4344년) 9월 9일
초판 1쇄 발행 2011년(단기 4344년) 9월 16일

지은이 · 이승헌
펴낸이 · 심정숙
펴낸곳 · (주)한문화멀티미디어
등   록 · 1990. 11. 28. 제 21-209호
주   소 · 서울시 강남구 논현2동 277-20 논현빌딩 6층 (135-833)
전   화 · 영업부 2016-3500 편집부 2016-3507 팩스 2016-3541
http://www.hanmunhwa.com

편집 · 이미향 강정화 김은하 최연실 진정근 ㅣ 디자인 · 이정희 이은경
마케팅 · 강윤정 박진양 목수정 ㅣ 영업 · 윤정호 조동희 ㅣ 물류 · 윤장호 박경수

만든 사람들
책임편집 · 강정화 ㅣ 디자인 · 이정희
출력 · 상지피앤아이 ㅣ 인쇄 · 천일문화사 ㅣ 제본 · 창림피앤비

ⓒ이승헌, 2011, Printed in Seoul, Korea

ISBN 978-89-5699-123-8 03810